汉武大帝传

李宏亮◎编著

中国纺织出版社有限公司

内 容 提 要

汉武帝的一生是传奇的，他在各个领域均有建树：政治上，他使用巧妙的方式削弱诸侯国势力，加强中央集权；思想上，他克服重重阻力，“罢黜百家，独尊儒术”，为帝国统一了思想；军事上，他重视军队，练兵备战，打败匈奴，为大汉平定了北方的侵扰……他大刀阔斧的改革造就了真正统一、幅员辽阔、民族众多的强大帝国，开创了汉武盛世的局面。但他晚年又受奸臣蛊惑，让自己的儿子含冤而死，得知真相的他诚心悔过。

本书从他幼年时被立储讲起，到他登基后以非凡的魄力改弦更张、北伐匈奴，再到他晚年痛下“罪己诏”，展现了汉武帝的雄才伟略和他波澜壮阔的一生。

图书在版编目（CIP）数据

汉武大帝传 / 李宏亮编著. -- 北京：中国纺织出版社有限公司，2023.1（2025.3重印）

ISBN 978-7-5180-9910-8

Ⅰ. ①汉… Ⅱ. ①李… Ⅲ. ①汉武帝（前156–前87）—传记 Ⅳ. ①K827=341

中国版本图书馆CIP数据核字（2022）第181938号

责任编辑：闫　星　　责任校对：高　涵　　责任印制：储志伟

中国纺织出版社有限公司出版发行

地址：北京市朝阳区百子湾东里A407号楼　邮政编码：100124

销售电话：010—67004422　传真：010—87155801

http://www.c-textilep.com

中国纺织出版社天猫旗舰店

官方微博 http://weibo.com/2119887771

德富泰（唐山）印务有限公司印刷　各地新华书店经销

2023年1月第1版　2025年3月第4次印刷

开本：880×1230　1/32　印张：6

字数：92千字　定价：49.80元

前　言

汉武帝刘彻（公元前156年—公元前87年），西汉第七位皇帝，他是中国封建王朝中有雄才大略的君主之一。汉武帝开创了西汉王朝最鼎盛繁荣的时期，那一时期亦是中国封建王朝第一个发展高峰。他的雄才大略、文治武功，使汉朝成为当时世界上最强大的国家，他也因此成为中国历史上最伟大的皇帝之一。

汉武帝十六岁登基，为了巩固皇权，他设置中朝，在地方设置刺史，开创察举制选拔人才；颁行推恩令，解决了王国势力；罢黜百家，独尊儒术。他开辟丝路、建立年号、颁布太初历、兴太学等举措的影响均十分深远。他还是一位铁血英雄，赫赫战功让后人铭记。

然而，他也不是完人，他曾做过让后人难以理解的事：年少时金屋藏娇，后来却废皇后、将阿娇打入冷宫；飞将军李广忠勇两全，但至死都未能获汉武帝封侯；史官司马迁只是就事论事、为李陵求情，却惨遭无情的宫刑；卫子夫贤德

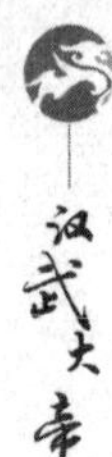

无双，太子刘据宽厚仁爱，却相继死于巫蛊之祸……

汉武帝刘彻的一生是磅礴的，因为他开创了自秦始皇一统六国后中华历史上又一个恢弘的时代，自此“秦皇汉武”成为君王的专有名词。但刘彻同时是个杀伐果断、残酷至极的君王，他还是个懂得深度自我检讨的皇帝，晚年他痛定思痛，写下《轮台罪己诏》一书。

司马迁所著《史记》向来客观公允，但对汉武帝刘彻颇有微词，言语间讥讽意味不言自明，却对飞将军李广、战败投降于匈奴的李陵表达同情。晚年的刘彻在阅读《史记》时几乎暴跳如雷，却未和秦始皇一样焚书坑儒，虽对司马迁施以宫刑，却依然让《史记》保存下来，可见刘彻的心是残忍的，也是开阔的，不过他一生的功过是非，自有后人评说！

本书以客观的态度、轻松的语言，同读者朋友们一起梳理汉武帝刘彻一步步迈向铁血皇权的关键，同时检讨刘彻一生的过失，希望能对读者朋友们有所帮助。

李宏亮

2022年10月

目　录

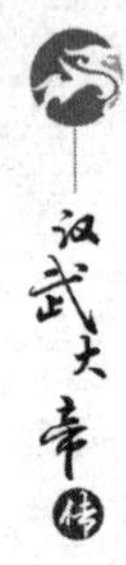

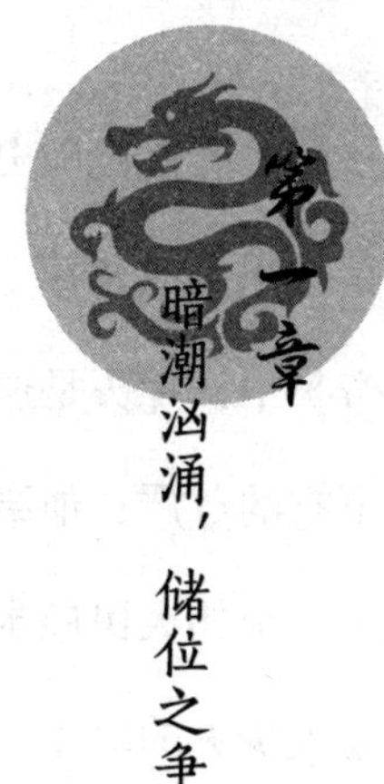

第一章 暗潮汹涌，储位之争

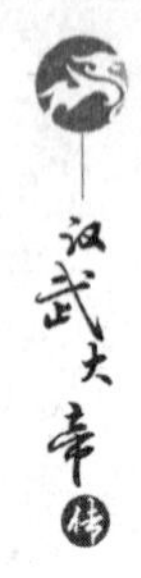

后宫之争

在中国古代历史上，汉武帝刘彻是一位杰出的皇帝，他也是杰出的政治家、战略家、诗人，在CCTV播出的《汉武大帝》中，片头是这么评价汉武帝的：他建立了一个国家前所未有的尊严；他给了一个族群挺立千秋的自信；他的国号成了一个伟大民族永远的名字。这样高的评价在中国历史剧中是很少见的。

汉武帝刘彻光辉灿烂的一生，要从一个叫王娡的女人说起，此女就是汉武帝刘彻的母亲。王娡，也是名门之后。其父虽然是普通百姓，但其母臧儿则是汉初的名门之后。西楚霸王项羽在分封十八路诸侯王时，有一个叫臧荼的人被封为燕王，而臧儿正是臧荼的亲孙女。臧儿虽出生将门，但到了臧儿成年之时，随着战事的变化，臧家早已家道中落。后来臧儿嫁给槐里的平民王仲为妻，生一子名叫王信，还有两个女儿，长女王娡，次女王儿姁。王仲死后，臧儿又改嫁给长陵田氏，生两子田蚡、田胜。

王娡刚成年时，就遵照其母的意思，嫁给了一名普通农户金王孙，没过多久，王娡便生了大女儿金俗。

一次，王娡的母亲臧儿在找相士为自己的子女们算命时，这名相士告诉臧儿说："王娡是富贵之身，将来必会生下天子。"臧儿听完之后很是高兴，鼓吹女儿应该离开金王孙家，王娡也是蠢蠢欲动，不甘平庸的她愿意一试。于是，臧儿就把王娡从金王孙家中强行接回来，金王孙很是愤怒，不肯和妻子王娡分开，但看到王娡执意离开后作罢。臧儿于是托了很多关系把王娡送进了太子宫。王娡得宠之后，又向太子刘启夸赞胞妹儿姁的美艳，不久儿姁也进入了太子府。

这原本只是算命先生的一句无稽之谈，但谁承想，王娡还真的从此改变了命运，拥有了不平凡的人生。她敢于冒险，本已嫁作人妇，却有离家弃子的狠心，并且凭借自己的智慧，不但成为汉景帝的嫔妃，更是将儿子刘彻送上帝位，开始一代雄主汉武大帝的故事。

任何朝代的后宫中，都是佳丽三千、美女如云，在这样的环境下，并非所有女人都是美貌与智慧并存，但王娡就是如此。她颇有心计，不仅表现出自己聪慧识大体，还懂得打扮和自我包装。

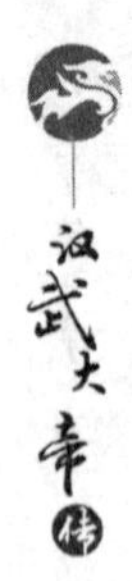

当时的刘启还只是皇太子，在得到刘启的宠爱后，王娡很快被封为美人，共生下了三个女儿。在怀着刘彻的时候，她对刘启说，她梦到有太阳掉落在自己怀里，也就是梦日入怀。刘启一听，高兴地说："这是贵显的征兆。"孩子还没有出世，文帝驾崩，太子刘启即位，是为汉景帝。景帝即位当年，王娡生下皇十子刘彻，而此时其身份已为王夫人。

从汉景帝宫中女性的封号和生子状况来看，生育三女一男的王娡王夫人和生育四男的王儿姁小王夫人非常得宠，其他为汉景帝生儿育女的女性大多年纪已大。事实上，自第九子刘胜之后，为景帝诞下皇子的，只有两位王夫人。不过，刘彻并非嫡子，从客观条件来说，他是不具备继承大统的客观条件的。

虽然历来只有嫡长子才有继承皇位的资格，但对于汉景帝来说，这样合适的人选并不存在。先说汉景帝时的皇后薄氏，她与汉景帝的婚姻是由景帝之祖母强行撮合而成的，算得上是政治婚姻。薄氏是薄太后娘家的孙女，景帝对其并没有深厚的感情，薄皇后也并未怀上子嗣。汉景帝一共生了十四个儿子，未有一个是嫡出，而长子刘荣也是庶出，其母叫栗姬。

在汉景帝的皇位储备人选中，有两人展开了激烈的竞争，一个是刘荣，另一个是梁王刘武。梁王刘武是窦太后的小儿子，他所得到的赏赐不计其数。

据说刘武建造方圆三百多里的东苑，扩展睢阳城至七十里。大兴土木，建造宫殿，修筑架空通道，从宫殿连接到平台长达三十多里。有天子赏赐的旌旗，外出随从千乘万骑。到处驰马狩猎，排场之壮盛好似天子。出入宫殿，清道禁绝行人，出警入跸。刘武揽四方豪杰，自崤山以东的游说之士，像齐人羊胜、公孙诡、邹阳等人，莫不尽归梁国。

对于窦太后而言，她所希望的是景帝在未来能让刘武继承大统，而汉景帝素来以孝治天下，他虽然心里一万个不愿意，但嘴上没说。毕竟人都有私心，窦太后心疼自己的儿子，而景帝也是如此。窦太后让他立梁王为储君，汉景帝虽然不情愿，但也无可奈何。

而正在这个节骨眼上，发生了影响西汉政权的一件大事——七国之乱。

七国之乱是发生在汉景帝时期的一次诸侯国叛乱，参与叛乱的是七个刘姓宗室诸侯王：吴王刘濞、楚王刘戊、赵王刘遂、济南王刘辟光、淄川王刘贤、胶西王刘昂、胶东王刘雄渠，故又称七王之乱。

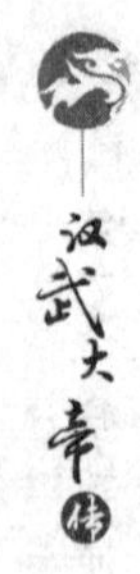

楚汉相争阶段，为了获得将领们的忠心进而对抗项羽，刘邦分封了异姓王。西汉政权建立后，在全国实行郡国并行制（郡国制），诸侯国的政治地位远高于郡。诸侯国疆域广大，通常占三四郡，多则六七郡，少则一二郡。汉初诸侯王占地二十余郡，相当于当时西汉疆域一半，天子仅占十五郡，而诸侯国数量如此之多，为后来他们能和中央对抗埋下了祸患。当时诸侯王们仰仗是高祖血脉而骄横跋扈，在封国内独揽大权，地位仅次于皇帝。诸侯国拥有强大的武装，由诸侯王随意调遣，此外，还自行征收赋税、铸造钱币（有时导致货币无法流通），俨然是独立的王国，最终成为中央集权的最大障碍。

在刘邦看来，秦之所以灭亡，根本原因在于没有分封同姓王，因此，他从两方面着手，一方面消灭异姓诸侯王，另一方面又陆续分封了九个刘氏宗室子弟为诸侯王（同姓九王），并与群臣共立非刘姓不王的誓约。

汉初的同姓诸侯国，土地辽阔、户口众多，但由于同姓诸王与高祖血统亲近，效忠汉朝，起着拱卫中央的作用，所以干弱枝强的问题这时并不十分突出。

而到了景帝时，中央专制皇权和地方王国势力的矛盾日益激化，诸侯国开始与中央叫板，甚至势压朝廷。此时，御

史大夫晁错开始向汉景帝推荐削藩。景帝二年（公元前155年），晁错向景帝再次陈述诸侯的罪过，请求削减封地，收回旁郡，上书《削藩策》。

景帝三年（公元前154年）冬，适逢楚王来朝，晁错趁势说楚王刘戊为薄太后服丧时，犯下淫乱之罪，请求立即处置刘戊，不过此时的景帝并没有赶尽杀绝，而是下诏赦免死罪，改为削减东海郡作为惩罚；两年前赵王刘遂有罪，削去其河间郡；胶西王刘昂因为售卖爵位时舞弊，削减其六个县；随之景帝又召见群臣，与他们商议削夺吴王刘濞封地的事宜。

景帝的削藩之举在朝野之中引起轩然大波，而吴王刘濞担心祸及自己，便想先下手为强，于是他亲自出使胶西，与胶西王刘昂约定反汉，事成，吴与胶西分天下而治。刘昂同意谋反，并与他的兄弟、齐国旧地其他诸王相约反汉。吴王刘濞同时还派人前往楚、赵、淮南诸国，通谋相约起兵。

不久，景帝降诏削夺吴王刘濞的豫章郡、会稽郡。诏令传到吴国，吴王刘濞立即谋杀了吴国境内汉所置二千石以下官吏，联合串通好的楚王刘戊、赵王刘遂、济南王刘辟光、淄川王刘贤、胶西王刘昂、胶东王刘雄渠这六国的诸侯王公开反叛。刘濞征募了封国内十四岁以上，六十岁以下的全部

男子入伍，聚众三十余万，又派人与匈奴、东越、闽越贵族勾结，以“请诛晁错，以清君侧”的名义，举兵西向，从而开始了西汉历史上的吴楚七国之乱。

七国叛乱的产生，完全出乎汉景帝的预料，因此，在得知七国叛乱时，他着实是有点慌张，但汉景帝也是一代明君，很快他就找到了解决的方法。于是，他颁发诏书，命令周亚夫统领天下军马平叛，后命窦婴为大将军坐镇洛阳，以此保障周亚夫所带军队的后勤供应，也能保障都城长安的安全，而其中起到最关键作用的就是梁王刘武。

梁国都城在睢阳，处于洛阳之东，自古以来就是兵家必争之地，而叛乱之中的吴楚七国也打算在此会师，一旦解决了睢阳，就解决了后顾之忧，然后从函谷关出发，一举夺得帝位。

其实，在这件事上，景帝有着自己的打算，他深知睢阳的地理位置坚固异常，丝毫不亚于长安，而且睢阳粮草兵力充足，再加上梁王刘武本就是个高傲不屈之人，岂是那么容易攻破的，并且，让梁王刘武在睢阳镇压七国叛军，有两个作用，一是为周亚夫平定山东赢得时间，二是让两虎相斗，坐收渔翁之利；毕竟无论如何，梁王刘武的势力必会被削弱，这对于他皇位的威胁就小了许多，即便梁王再受窦太后宠爱，没了势力，也难成大器。

七国叛乱出现时气势如虹，但是汉景帝颇具智慧，仅仅用了三个月时间就将其平定了，并且达到了他无法想象的效果，不但一举解决了藩王的犯上作乱，还削弱了梁王的势力。对此，有史料记载，当时的梁王刘武，为了抵抗叛军，命令宫中的宫女官宦都齐齐上阵、登上城墙，梁国士兵死伤惨重，而从汉景帝方面来说，这反而是他所希望看到的。

七国之乱后，梁国国力大大削弱，但在这场叛乱平定的过程中，梁王确实立下汗马功劳，在百姓心中的声威也由此高涨，他的争储之心难免燃烧起来。这一点很合窦太后心意，在这之前，窦太后虽然有立梁王为储君之意，但是梁王并无战功，且不符规矩，难堵悠悠众口，但今时不同往日，梁王保住了大汉江山，此时提出她的想法，乃是最佳时机。汉景帝自然察觉到窦太后的想法，此时，他又感到头疼了。不过很快有人给他献计，此人乃窦太后的娘家侄子窦婴。

窦婴是汉文帝窦皇后堂兄的儿子。他的父辈以上世世代代是观津人。他喜欢宾客。汉文帝时，窦婴任吴国国相，因病免职。汉景帝刚刚即位时，他任詹事。窦婴是个文武双全的人，在平定七国之乱时，汉景帝就曾重用他。

有一次梁孝王入朝，汉景帝以兄弟的身份与他一起宴

饮，这时汉景帝还没有立太子。酒兴正浓时，汉景帝随便地说：“我死之后把帝位传给梁王。”窦太后听了非常高兴。这时窦婴端起一杯酒献给汉景帝，说道：“天下是高祖打下的天下，帝位应当父子相传，这是汉朝立下的制度规定，陛下凭什么要擅自传给梁王！”窦太后因此憎恨窦婴。窦婴也嫌詹事的官职太小，就借口生病辞职。窦太后于是开除了窦婴进出宫门的名籍，每逢节日也不准许他进宫朝见。

不久之后，这件事就这样过去了，于是，景帝便在窦婴的建议下，立皇长子刘荣为太子，让窦婴做太子太傅。但太子位置确定以后，在后宫中出现了一个令人不解的现象，按常理来说，古代帝王家母凭子贵，刘荣被立为太子，其母栗姬应该被封为皇后，但汉景帝没有这么做，这就让栗姬有些按捺不住了。要知道，在深宫之中，谁都想登上这母仪天下的位置，栗姬虽然平日里喜欢在后宫之中争风吃醋，但也是野心勃勃，她觉得自己不能坐以待毙，于是去找窦婴商量对策。窦婴一心想让自己的学生刘荣登上帝位，因为帝王师的荣耀是无法想象的，对于汉景帝始终没废薄皇后一事，窦婴觉得其中必有蹊跷，此时，他也不敢贸然去向皇上提建议，只能另辟蹊径。他左思右想，想到了一个绝佳的策略，那就是让薄皇后主动请求废后。

接下来的事情果然如窦婴所料，温婉善良、贤良淑德的薄皇后在窦婴的一番巧言劝谏下，果然前去找汉景帝，让汉景帝废除自己的皇后之位。

薄氏端庄、大方、贤惠，与汉景帝刘启夫妻二十多年，然而汉景帝并不宠爱她。汉景帝继位后，太子妃薄氏晋升为皇后（即薄皇后）。薄皇后从当太子妃到当皇后，一直得不到汉景帝的宠爱，也因为身体原因始终没有孩子。汉景帝有十四个儿子，出自六个妃嫔，唯独薄皇后没有儿子。在汉朝，一个无子的皇后是无法长久地维持自身地位稳固的，这大概也是薄皇后主动要求让出皇后之位的原因，这让她亲自结束了漫长的被冷落的命运。

薄皇后被废后，汉景帝却并没有立栗姬为后，就在此时，发生了一件具有历史意义的事件，这件事不仅影响了许多当事人的命运，也影响了大汉四百多年的社稷，甚至可以说中华民族的未来都因此而受到影响，不过，此乃后话，此处不进行赘述。

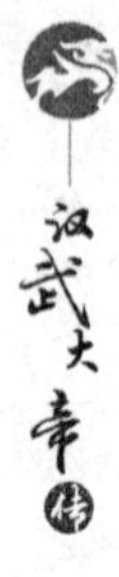

王美人的计划

窦太后除景帝与梁王刘武两个儿子外，还有一个女儿，叫刘嫖。

刘嫖的生年是公元前189年。公元前180年，刘恒登基为帝。数月后，刘启被册立为太子，窦氏被立为皇后，刘嫖则为长公主。其封地在馆陶（今河北省邯郸市馆陶县），史称馆陶公主。馆陶公主有一个女儿叫阿娇。

按照汉朝的国家体制，梁王刘武必须去封国居住，不得长留京城。窦太后早年失明，身边最亲近者即馆陶长公主刘嫖。刘嫖是景帝的同胞姐姐，又常给景帝进献美女，所以景帝对姐姐也是十分好。刘嫖倚仗母亲的宠爱和弟弟的纵容，常出入宫闱。

在窦太后的宠爱、汉景帝的包容下，刘嫖在汉宫中成为一个不可小视的人物。她的儿子陈蟜，因为是公主的儿子，而被封为隆虑侯。她是个颇有政治心机的人，一开始，为了取得景帝的信任，她三天两头从各地挑选绝色美女送往宫中，供景帝享乐。汉景帝虽然也是明君，但和很多君王一样，对于天姿国色的女人往往难以拒绝，对于馆陶公主的“好意”，汉景帝也是来者不拒。

在汉景帝的众多妃子中，栗姬因为生了大皇子刘荣而备受荣宠，但栗姬是个善妒的女人，她经常看到景帝身边出入不同的女人，心里别提多不舒服了。她也知道这一切的罪魁祸首就是馆陶公主，自然也就对馆陶公主恨之入骨，这也就造成了栗姬与馆陶公主之间的嫌隙。然而，一心想要为自己谋取政治地位的刘嫖则没有意识到这一点。

在刘荣被封为太子之后，馆陶公主一看有机可乘，便立即派人前去向栗姬说媒，她想把女儿陈阿娇许配给栗姬的儿子栗太子刘荣做他的原配，他日刘荣登大典，自己的女儿就有可能贵为皇后，这是何等的荣耀。

然而，馆陶公主无论如何也没有想到，自己半生傲慢，竟然被栗姬拒绝了，热脸贴上了冷屁股，简直是对自己的羞辱，她心想，只要有机会，一定要报复栗姬。

不过，就在此时，有一个人恰好抓住了机会，此人就是后来的汉武帝刘彻的母亲王美人。王美人告诉馆陶公主，自己也有个儿子，比刘荣略小，如果馆陶公主不介意，可以让

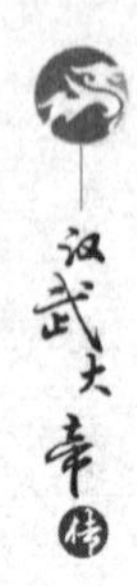

自己的儿子与阿娇结个娃娃亲。

本来刘嫖在栗姬那里碰了一鼻子灰，心中苦闷难耐，此时遇到王美人提及此事，顿时觉得，王美人的儿子一点也不比刘荣差，既然栗姬不愿意与自己结亲，那么，就与王美人的儿子结个娃娃亲。好歹刘彻也是个皇子，这样一想，馆陶公主毫不犹豫地答应了。

就这样，王美人轻轻松松地完成了她的第一步计划。

皇长子刘荣被封为太子时，年幼的刘彻也被封为胶东王。刘彻虽然年幼，但聪明伶俐，馆陶公主对其甚是喜爱。

这一天，刘嫖来到后宫，把胶东王刘彻抱在怀里，“儿呀，你要媳妇不？”胶东王说：“咋不要？”刘嫖指着左右一百多个美女，“你要哪位？”小刘彻都摇头，最后刘嫖拉过自己的女儿陈阿娇，“你看阿娇好吗？”“好，我要是娶了她，就修一座金屋子把她藏起来。”这回，王夫人同意了。这就是“金屋藏娇”的故事。“金屋藏娇”的故事可能加上了后人的主观想象，但体现了当时宫廷中也是暗潮汹涌，各方势力在悄无声息地发生着变化。十皇子刘彻的命运也在发生着变化。

为了让女儿成为一国之母，也为了报复栗姬，刘嫖转而全面支持刘彻，三年内，后宫形势逐渐发生了变化。一方面，馆陶公主开始经常在窦太后和景帝耳边说栗姬的坏话。

这些话从嫔妃的口中说出效果不佳，有想取而代之的嫌疑，从长公主的口中说出，让景帝深信不疑，景帝认为栗姬受到自己的冷落，心里自然有些怨气。另一方面，王美人则处处谨小慎微，表现出贤良温婉的一面。三年内，在景帝心中，栗姬和王美人两个嫔妃的位置也发生了变化。

汉景帝刘启素来身体欠佳，公元前151年（前元六年），他得了一场大病，病重之际，景帝把栗姬叫到自己床前，对她说："我很可能快不行了，我希望我百年之后，你能善待其他皇子。"

景帝病危托孤，言外之意不言自明，他有意于立栗姬为皇后，然而，栗姬毫无城府、心直口快，且多年的后宫之争让她内心妒火横生，早就丧失了理智。她根本没深思汉景帝这番话里的含义，所以她不但没有答应景帝，反而出言不逊。根据《汉武故事》这本野史记载，栗姬还骂景帝是老狗，但是栗姬到底有没有骂景帝是老狗，正史并没有记载。

栗姬无礼的行为彻底激怒景帝，景帝认为栗姬虽然一心想做皇后，但没有皇后的眼光与胸襟，这样的女人无法母仪天下，只是景帝城府深、情商高，他选择隐忍不言，但是心中对栗姬已是彻底失望了。

不久，馆陶公主将宫中发生的事告诉了王夫人，王夫

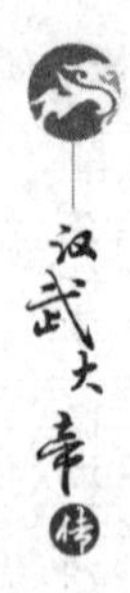

人和馆陶公主商量后，决定让栗姬的兄弟上书景帝立栗姬为皇后，且得到了以周亚夫为首的一批支持太子的大臣们的支持。景帝正在气头上，大臣们这个时候上书让景帝误以为栗姬与太子结党营私，有谋篡皇位之嫌。

景帝一怒之下，先削去了周亚夫的兵权，诛杀栗姬在京城的亲戚，为了让诛杀行动进行得更彻底，景帝把忠厚老实的中尉换成酷吏郅都。然后将栗姬打入冷宫，并废太子刘荣，贬其为临江王，随后不久，又立王美人为皇后，又不久，立刘彻为太子。

景帝的绝情让栗姬十分痛心，她提出再见景帝一面，可惜景帝不愿相见，最后栗姬忧愤而死。

当初，景帝在立刘荣为太子时，栗姬并不是皇后，因此，从这一层面看，刘荣虽然当上了太子，但名分上来说还是庶出，而刘彻则不同了，他是在其母亲王美人被册封为皇后之后才被立为太子的，他虽非长子，此时也是嫡出了。在礼法严格的封建社会，长幼有序、尊卑有别，嫡庶之分尤为重要，而此时的刘彻，不过才四岁，却已经是皇位唯一的继承人了。

到这里，王美人也完美地实现了自己的第二步计划。

梁王野心

在汉景帝立刘彻为太子之前，在西汉还发生了一件事，关系到大汉政权的稳定，事情经过大致是：

在太子刘荣被废之后，梁王刘武觉得自己的机会来了，便再次产生了争储的想法，且立即着手行动。他进宫说服窦太后，获得了窦太后的支持。景帝心中极为不悦，但孝顺的他也不好直接驳了窦太后，思来想去，他又想到了窦婴。

此时的窦婴，因为太子被废，心情处于极度烦闷之中。他身为太傅，本指望日后获得无上荣耀，谁承想栗姬毁了刘荣，也毁了自己，心灰意冷的他给朝廷递了一纸“辞呈”，便跑去游山玩水了。当景帝找到窦婴时，已经焦头烂额的他终于可以松一口气了，他告诉窦婴赶紧想办法劝说窦太后，而窦婴在经历了前一次劝说太后而得罪人之后，得到了教训：解决问题可以，但是不能直来直去。既然皇帝如此信任自己，作为老臣，不能不为皇上分忧。经过一番斟酌之后，

窦婴想到了一个人，此人叫袁盎，楚地人，后来迁居到了安陵，他的父亲从前是个强盗。吕后时期，袁盎做了吕禄的家臣。汉文帝即位后，其兄袁哙保举他，他便被任为中郎。景帝时，他效命于吴王刘濞，拜为丞相。此人颇有才能，而且深谙纵横捭阖之术，又口才极佳。在七国叛乱时，窦婴就将其推荐给景帝，景帝问他有何退兵良策，袁盎献策说："吴楚叛乱目的在于杀了晁错并想要恢复原来的封地；只要斩了晁错，赦免吴楚七国的罪行并恢复他们原来的封地，就可以兵不血刃地消除叛乱了。"景帝采纳了袁盎的建议，便封窦婴为大将军，袁盎为太常，要他秘密整治行装，出使吴国。

其实景帝不知道的是，袁盎和晁错素来不和，一方在，另一方就离去，二人从来没有在一起说过话。汉景帝即位后，晁错任御史大夫，就派人查袁盎任吴相时所受吴王刘濞的财物，要论罪处罚，景帝诏令赦免袁盎为平民。

景帝前元三年（公元前154年），吴楚七国叛乱，晁错听闻消息，认定袁盎收受刘濞恩惠，必定知道其预谋，就与下属丞史商议，打算趁机打击袁盎。丞史不同意，晁错因此犹豫不决。袁盎得知消息后，非常惶恐，连夜求见窦婴，说明吴王反叛的原因，请求面见景帝当庭对状。窦婴禀告了景帝，景帝便召见了袁盎。袁盎进宫后，发现晁错在场，就请求景帝屏退旁人。晁错出去后，袁盎就建议景帝诛杀晁错，可惜晁错就这样被错杀了。

这是七国叛乱时的事，就不一一赘述。且说窦婴明哲保身，这次又将袁盎推给景帝，景帝认为袁盎确实有点才能，便欣然同意了，随后袁盎带着几个大臣就去了东宫。

拜见了窦太后之后，袁盎和窦太后之间有这样一段对话：

袁盎：“如果皇上以后把皇位传给梁王，那梁王以后再传谁呢？”

太后：“皇上的儿子现在还小，也不懂朝政，所以将皇位传给梁王最合适，等皇上的儿子都长大了，再将王位还回来便是。”

袁盎：“听起来不错，太后，我大汉是效法殷商还是周朝呢？”

太后：“当然是周朝。”

袁盎：“那周朝是怎么传位的？”

太后：“父死子继。”

袁盎：“春秋时，宋宣公不遵守祖制和宗法，传位于其弟宋穆公，而宋穆公死后又传位于宋宣公之子与夷，为了保障与夷的皇位，宋穆公让自己的儿子公子冯迁居到郑国。

结果，公子冯不乐意了，他认为父死子继是常理，自己才应该继承皇位，于是他杀死了自己的堂兄宋殇公，宋国因内乱而战乱频发。现在想我大汉江山，从高祖开始，历经几代皇帝励精图治，终有今日国泰民安，难道也要步前人后尘吗？”

其实，袁盎是个巧舌如簧的人，他这里举例说的宋国的事并非真实历史。宋国是殷商后裔，兄终弟及乃是常见之事，而且宋殇公也不是死于公子冯之手，而是当时的太宰华督，为了抢孔子的六世祖孔父嘉的媳妇而发动了政变，最终导致宋殇公和孔父嘉身死。然而，窦太后固然贵为天子之母，却每天沉醉于黄老之学，自然分不清袁盎说的哪句是真，哪句是假。她听袁盎这么一说，不由得脸色骤变，一丝丝寒气从心底升起，顷刻间传遍全身。是啊，万一最后闹个兄弟相残、血染袍泽的后果，这是她最不愿意看到的，虽然她偏爱小儿子，但两个儿子毕竟都是自己的骨血，他们自相残杀，自己岂不是大汉的罪人了？这一刻，窦太后终于想明白了，也就不再要求汉景帝立刘武为嗣。

窦太后虽然打消了再劝景帝传位于梁王的想法，但是梁王自己却内心不服。本来自己能成为一国之君，如今却化为泡影，他认为，这一切都是那个叫袁盎的人预谋的，于是，

他心生怨恨，心中暗暗生起了要将袁盎置于死地的念头。他的近臣羊胜、公孙诡给他出了主意，他便派刺客前往长安，将袁盎在内的十几名劝说窦太后的重臣全部杀了。这件事在朝廷内引起轩然大波，天子脚下，居然有人如此目无法纪、胆大妄为，连朝廷命官都敢刺杀，而且一杀就是十几位，朝中人人自危，但只要明眼人都知道是怎么回事。

景帝对刺杀事件自然也是心知肚明，他怒火中烧，看来梁王是真的目无君主了，他必须要彻查此事，给大家一个交代。于是，他派遣酷吏郅都前去调查。此人执法严明、刚正不阿，绰号苍鹰，朝中很多官员都曾领教过他的严酷，所以一看到他就很害怕。郅都也是个颇有能力的人，稍微一调查，他就锁定了羊胜、公孙诡两个目标，于是报告了景帝，景帝遂派人前去梁国捉拿二人，但是刘武将二人藏了起来，就是不交。这下景帝更生气了，但他也算有耐心，不断写诏书去催。刘武也招架不住了，不知如何是好，大臣韩安国出面开导刘武，他问刘武：在景帝心中，刘荣和梁王对他来说谁更重要？答案自然是刘荣，刘武也这样回答了。韩安国再说，刘荣是皇上的亲儿子，但皇上还是废了他，皇上以孝治天下，现在老太后健在，尚能为您撑腰，所以您可以不惧怕皇上，但是老太后万一日后不在了呢？那时若是皇上要

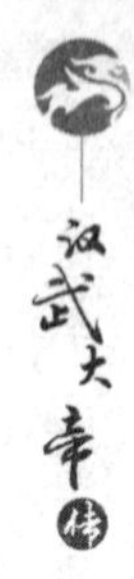

杀你，随便找个借口就行了，也无人再能保你。梁王一听，发现其中利害，心中恐惧顿生，而大臣羊胜、公孙诡在知道此事后，出于对刘武的忠心，为了不连累刘武，就畏罪自杀了，并让梁王将自己的尸体交给景帝。

这件事很快传到了东宫窦太后的耳中，她是既担心又害怕，当时袁盎所说的兄弟相残的古代事例依然在自己的耳边回荡，而现在，自己还健在，两个儿子就彼此起了杀心，她不由得汗毛直立，自此彻底消除了立梁王为储的想法。但刘武确实做了违法乱纪的事，要景帝饶他一命也可以，但需要有人从中斡旋。此时，长公主刘嫖便去向景帝求情，让梁王到长安负荆请罪，梁王也这么做了。景帝为了不让窦太后伤心，也为了给长公主面子，便放过了刘武一命，不过此事结束后，刘武郁郁寡欢，回到梁国不久后便撒手人寰了。

现在，我们再来说栗姬和废太子刘荣。

栗姬之所以被打入冷宫，连带着她的儿子刘荣也被废，与馆陶公主有着莫大的关系，而这一切都是王美人的计划，她的目的是让自己的儿子刘彻一步步登上帝位。不过王美人是个小心谨慎的人，她深知，不到最后胜利之时，都不可大意，所以她在深宫之中依然是步步为营，丝毫不放松自己。

栗姬看到自己失宠，儿子太子之位被废，心中的痛苦自

然是无法言说的。在这之前，自己受宠，儿子是一国太子，朝中大臣无不争相巴结，就连不可一世的馆陶公主都想将自己的女儿许配给刘荣。而眼下呢？今时不同往日，所有人唯恐避之不及，但栗姬可能从未想过，导致这一切的根本原因可能是自己。然而，即便被打入冷宫，可能她都未曾反思过自己，这深宫之中不比寻常人家，作为寻常人家的妇人，大可以由着自己的性子来，想说什么就说什么，喜怒哀乐都挂在脸上，但深宫之中，不懂得心计和隐忍，只能被大浪淘沙，成为别人上位的踏脚石。最后，栗姬可能是担忧儿子，有可能是被打入冷宫后心中幽怨，不久就死了。

至于刘荣，在被贬为临江王之后，他的人生并未因此而安稳，而是遭到了第二次重大挫折，乃至最终丧了命。

被贬后的刘荣，心情忧愤，逐渐堕落。景帝中元二年（公元前148年），此时距刘荣赴临江已有两年，他被人告到了朝廷，原因是他扩建自己的宫室占用了祖庙用地。景帝听到后勃然大怒，随即就令此时已任中尉的郅都查办此事，刘荣后被押解到长安，然后关进了监牢。一开始，刘荣还一副无所谓的样子，但后来就害怕了，因为郅都是出了名的严酷，对于狱中的刘荣更是看管极严，好像自己就是死囚一样。恐惧至极的刘荣开始求郅都，希望他能给自己拿来纸笔，他要写信给父皇，希望景帝放了自己，而郅都铁面无私，根本不给刘荣机会。刘荣的老师窦婴知晓后，不忍刘荣在狱中受此苦楚，便为刘荣提供了纸笔。刘荣并不是给景帝写信，而是给窦太后，因为他知道，此时只有窦太后能救自己一命。不过这封信还没送出去，就被郅都给拦截了，并且交给了景帝。景帝看到后更是怒火中烧，他根本没有看信的内容，而是质问郅都，为何纸笔能送到刘荣手中。郅都虽然刚正不阿，但也是聪明人，自然能听出来景帝话中的含义，他立即向景帝表明这样的事不会发生第二次了，于是，就带着信走了。随后，郅都对刘荣的看管更为严格了。刘荣知道事情始末后，自知性命难保，加上心中忧愤，不久就自杀了。此时的刘荣才十六岁，他的生命就这样定格了。

刘荣在狱中自杀的消息震惊了窦太后，她勃然大怒，立即给景帝施压，让他必须严惩郅都，以此给自己的孙儿报仇。本来，窦太后对郅都就没什么好印象，她认为郅都执法太过严苛，丝毫不讲人情，她信奉道家学说，认为凡事适度即可，且在皇室宗亲中，因为犯法而被郅都严治乃至执行死刑的人不少。窦太后心想，这个酷吏仗着景帝撑腰，胆子是越来越大了，连皇帝的亲儿子也要逼死，如果不好好惩罚他，怕是以后要到太岁头上动土了。前面，我们说窦太后希望梁王刘武能继承大统，这并不是说她不喜欢刘荣，刘荣毕竟是自己的亲孙子，而在她看来，梁王和刘荣都是自己的至亲，所以她曾经在心中构建过一个美好的蓝图，那就是景帝仙去后让梁王刘武继位，刘武过后再让刘荣继位，这就是梁王与刘荣争储时窦太后的真实心理，不过后来她打消了这一想法。

此处，窦太后要求景帝处死郅都，景帝虽然嘴上答应了窦太后，却没这么做。他知道郅都是一名好官，杀一名好官无疑会动乱朝纲、引起公愤，所以他只是罢免了郅都的中尉之职，让他回老家养老。不过，郅都还未出长安，就收到了景帝的密信，要求他到雁门关当太守，直接接管雁门关的对匈防务。

其实，在刘荣自杀案中，郅都并无行为上的过失，也没有徇私舞弊，更没有威吓刘荣。但刘荣确实死了，让皇子死在自己的牢中，郅都自然逃脱不了责任。窦太后点名了要处死他，他难逃一死，好在景帝爱才、惜才，才让他去雁门关，逃过一劫。

郅都被派往雁门关一事是瞒着窦太后的，因此窦太后一直认为郅都已经被景帝处死了。郅都是个德才兼备的人，到了雁门关以后，他也没自暴自弃，而是厉兵秣马积极备战，数次击退来犯的匈奴军队，匈奴人听到他的名号都是闻风丧胆。后来有匈奴人得知，郅都是汉朝窦太后的死敌，窦太后一心要置郅都于死地，于是派信使将郅都还活着的消息送入汉朝东宫。窦太后看到信后勃然大怒，立即越过景帝直接下令处死郅都。郅都死后，冯敬担任新任雁门关太守，但他并无作为，匈奴人还是常年进犯雁门关，附近百姓深受其扰。

扫清障碍

景帝在立刘彻为太子之后，就开始着手培养刘彻。景帝知道，天子在幼年时期的学习尤为重要，这关系到整个大汉江山未来的命运，所以他在为刘彻寻找老师这件事上是深思熟虑的。他先授命卫绾为太子太傅，教授刘彻儒学。其实，他原本属意的是窦婴，此人为官几十年，历任朝廷的各个要职，文韬武略、知识渊博、阅历丰富，朝堂之上，再无二人。但景帝没有选择他，因为他本就是前太子刘荣的老师，对刘荣感情也颇深，刘荣自杀前，他还曾为其送过纸笔，虽然他嘴上不说，但景帝知道他心中并不情愿再当刘彻的老师，并且，他是否会全心全意教导刘彻，也未可知，所以景帝也没开口。

景帝任命卫绾为太子太傅，教授刘彻儒学，窦太后又不乐意了。这要从窦太后和大汉皇室的信仰开始说起。自汉朝开国以来，遵的都是黄老之学和道家的无为而治，这些学说

在汉初几代皇帝时大行其道，而窦太后本身更是这一学说的忠实信徒。为了让自己的信仰延续下去，她于是又给刘彻找了个老师，这个老师与窦太后一样都信奉黄老学说。此人名叫汲黯，字长孺，濮阳（今河南濮阳）人。其祖先曾受古卫国国君恩宠，到他已是第七代，代代都在朝中荣任卿、大夫之职。靠父亲保举，汉景帝时汲黯当了太子洗马，因为人严正而被人敬畏。

在当时的汉朝，主张无为而治的黄老之术和儒家遵礼尚贤的观点几乎成水火不容之势，道家所倡导的是无为而治，主张不尚贤而民不争，意思是百姓愚昧无知，对君主就会言听计从，君主管理国家就会轻松自然，因此不主张培养人才，而儒家观点认为，明君治国，主要在于尊崇礼法、招贤纳士，国家人才济济，才会昌盛发达。

刚被立为太子的刘彻此时才七岁，对于如此高深的两种学说，他很迷茫，为此，他还逃过课。后来，随着年纪的增长加上老师卫绾的引导，他逐渐认识到这两种学说的真正价值。他发现，儒家尊崇礼法，可以作为朝纲，以此约束黎民百姓和官员们的行为，而道家学说虽然不能作为体制纲常，但它有着以柔克刚、以不变应万变的作用，其中藏有深奥的奇兵之术。刘彻早年时期的老师卫绾，无疑对于刘彻后来成为流芳千古的大汉天子有着至关重要的作用。

除了学习理论文化，景帝还让刘彻学习军事知识。他知道，皇帝坐拥天下，军权是根基，如果军权不稳，则帝位不稳。刘彻首先需要了解和学习的是汉朝的军事情况。

自汉高祖刘邦解了白登之围后，汉朝与匈奴之间的关系一直靠进贡与和亲来维持，可以说，从汉建立以来的七十余年的和平，靠的是女人的牺牲。这一点，刘彻在成为太子之前就有深刻的体会。他年幼时，亲眼看到自己的姐姐南宫公主远嫁匈奴，一去不复返。当时的他感伤的是亲人的别离，而随着年纪的增长，这种感情逐渐化为一种耻辱感。他认识到，国家的强大才能带来和平，而不是依靠女人的牺牲。

景帝开始着眼于对刘彻军事上的培养，这主要从四个方面着手，第一是军事理论课程，第二是汉匈边界的双方态势以及具体的战争情况，第三是体验军旅生活，第四是参加上林苑围猎。这四个方面，第一方面是军事基础知识，第二和第三是战争意识和战争指挥能力的培养，第四是战争素养的演练。

通过第一个方面的学习，刘彻知道了什么是战争；第二个方面的学习让刘彻认识到战争的普遍存在；第三个方面是为了学习如何掌握军队；而最后一个方面对刘彻的意义最

大，后来刘彻拥有的战胜匈奴骑兵的所有战略战术等，都是从上林苑的围猎中逐渐学到的，这在后面的内容中会有所提及。

刘彻在被立为太子之后，进行了长达九年的学习，这段时间的学习为他在后来成为一代明君奠定了坚实的基础。同时，景帝也为刘彻去除了一系列不利于权力交接的因素，他要保证自己的儿子能顺利登上帝位且要在这个位置上坐稳。其中一项有力举措是保证了兵权。

周亚夫在任丞相后，在很多事情上都与景帝背道而驰，景帝如果想按照这种方法做，一旦他认为不可行，就坚决反对，甚至会为此不上朝。从常理上来说，这是忠臣的表现，是难能可贵的品质。但景帝却认为，周亚夫是一个顽固分子，是一个刺儿头，自己现在能控制住他，但是未来刘彻未必能，所以他要为刘彻扫清障碍，第一步就是要拔刺。因此，当后来周亚夫故意称病不上朝时，他就发火了，不过他懂得寻找时机和制造机会。一次，他在宫中宴请群臣，宴会已经开始后，周亚夫才姗姗来迟，在入座后发现自己面前有很大一块肉，这块肉是没切开的，也没有就餐的餐具。周亚夫一看，心中就不乐意了，于是他找左右随从索要餐具。这一幕被景帝看在了眼里，他直接说周亚夫行为放荡，皇家设宴，大家都到了，只有你不把皇帝当回事。其实，在周亚夫看来，他是平定七国叛乱的功臣，是皇帝倚重的人物，而且，最后一个到更能显示出自己的非凡地位，但是他没想到景帝根本没有给他面子。于是，在被景帝一顿训斥之后，他带着满腹牢骚回家去了。

在这之后，在周亚夫身上又发生了一件事，这件事影响了周亚夫后来的命运。

周亚夫的儿子为了给父亲准备以后陪葬的东西，买了五百件兵器，不过这件事被别有用心的人利用，悄悄添油加醋告诉了景帝，说周亚夫有谋逆之心。景帝知道后大怒，立即派人着手调查此事。去的人是一名刀笔小吏，期间涉及给周亚夫做笔录，周亚夫认为自己曾经平定七国叛乱，大汉江山有自己的一笔大功劳，凭什么受一个小吏的气，所以很不配合。这名小吏也是无可奈何，只能回去将具体情况禀告景帝，景帝听后更为恼怒了，看来如今的周亚夫着实不把皇帝放眼里了，随即派人押解周亚夫入狱。周亚夫在狱中恼怒不已，不吃不喝，很快就撒手人寰了。

至此，在刘彻登基称帝的道路上的所有障碍，比如，刘武、刘荣、栗姬和周亚夫等人全部被清除，这样，景帝可以放心把皇位交给刘彻了。后元三年（公元前141年），景

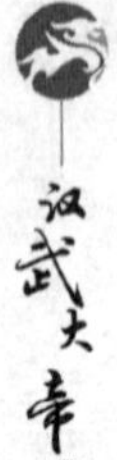

帝病重，在为刘彻举行了冠礼后，就驾崩了，此时的刘彻才十六岁。从此，他正式登上历史舞台，开始其几十年奋发图强的君主人生。

第二章 年幼登基，韬光养晦

建元新政

俗话说，新官上任三把火，新皇帝继位也是如此。首先要进行的就是人事上的安排，此时的刘彻虽然还年幼，但经过九年的学习，他已经具备了成为一名优秀皇帝的潜质，尤其是卫绾对他的教导，更让他对日后成为一名有为之君颇有信心。

在卫绾的影响下，此时的刘彻依然信奉儒学。他对老师很有感情，也希望自己继位后，卫绾能继续担任丞相，但卫绾是个深谙为官之道的人，他知道自己之所以能贵为丞相，能成为太子的老师，并不是因为他有超越于其他官员的才能，也并不是因为他满腹经纶，而是因为他本分老实，而景帝正是看中了这一点。所以，刘彻一登基，他就主动提出了退位让贤，他说自己年事已高，恐怕难以胜任朝中大事，只要在皇帝身边侍奉就行了。刘彻也并未强人所难，见老师这样说，也就没有再坚持挽留了。

其实，卫绾之所以辞职，还有一些深层次原因。要知道，丞相是一人之下万人之上的位置，为官者，谁不想登上高位？且卫绾还是新帝的老师，他昔日的学生当上老师，按理说他担任丞相可谓是水到渠成、心安理得，但是为什么卫绾主动提出辞职呢？

这是因为朝堂和后宫一样纷繁复杂、瞬息万变，不到最后一刻，谁都不知道要发生什么，而如果朝廷和后宫搅和在一起，就更麻烦了。

景帝驾崩后，刘彻虽然顺理成章登基，但他还是个少年，正因为年纪小，各方势力开始蠢蠢欲动，都积极活动起来，都希望能在新帝安排人事上获得好处。最典型的两个人就是窦婴和田蚡。先说窦婴，他是窦太后的娘家之子，此时景帝已经去世，刘彻的母亲已经是太后，但窦太后三番五次运用各种方式暗示刘彻的母亲王太后，希望能让窦婴当丞相。刘彻也是个孝顺皇帝，其母亲在他能顺利当上皇帝的过程中起了不可磨灭的作用，所以刘彻很尊重她，王太后提出丞相的人选后，刘彻想都没想就答应了。就这样，窦婴顺利当上了丞相。

接下来就是田蚡。田蚡是谁？他本是景帝身边的一位侍从郎官，但景帝一死，他就活跃起来了。他为何活跃呢？他要抢官。一些人以为小小的侍从郎官没有什么竞争力，但当后来刘彻宣布新的官员名单时，大家大吃一惊，这名小小的侍从郎官竟然当上了当朝太尉。此时，大家才想起了他的身份，他是当朝太后同母异父的弟弟，可谓是皇亲国戚。那既然如此，也就无可厚非了，王太后对汉武帝的重要性不言而喻，她能让窦婴当上丞相，自然也能让田蚡当上太尉了。

就这样，窦婴和田蚡心满意足地当上了高官。

在重要官员的安排结束后，刘彻的心开始激动起来，他告诉自己一定要有一番作为，至于如何去做，他在那九年的学习期间已经想好了。第一件要做的事就是选拔优秀人才。他认为，一个国家的强盛离不开人才，国家的衰败很大原因也是因为不重用人才，所以人事任免刚刚结束，他就颁布了一道诏书，要求各地推举贤能。

诏书一下，各地官员就纷纷向中央推举人才，被推举的一共有一百多人。见到官员们有如此高的办事效率，刘彻还是很欣慰的，但这么多人，总不能全部录用吧？为此，刘彻想，有必要对这些人进行一次测试，以筛选更优秀的人，测试的题目是“试论古今治乱之由，长治久安之道”。

看到这样的试题，不少人都认为，这也太简单了，但凡读过一点史书的，都能回答上来，这也叫考题？但刘彻并不认为这是一道简单的考题，因为从表面上看，题目简单，但切中时弊，与现实政治紧密相连，不同的朝代，不同的时局，答案就不同，要想回答好这道题，难度并不小。

很快，大家都将答案交上来了，答案多种多样，这些人都文采斐然，但真正能让刘彻看上的，只有几个，这就包括著名的董仲舒。董仲舒在此前虽然已经被一些人认识，但名声却并不大，而汉武帝刘彻之所以欣赏董仲舒，与董仲舒的狂傲有很大关系。实际上，但凡有真才实学的人，都有一些特点，董仲舒的特点就是狂傲。那么，这个董仲舒狂傲到什么程度呢？他在写文章时从不引经据典，因为他说自己就是经典，就包括这次测试，他也是写自己的思想。

刘彻是个心怀大志的皇帝，在他当太子学习的九年里，他就有了一套自己的治国方法。他第一步做的就是招纳贤才，他需要的并不是那些会写文章、吟诗作赋的人，而是那些有着真才实学、经世致用的治国之才。董仲舒虽然狂傲，但他写文章不是追求华丽的辞藻，而是切中时弊，给出了很多有用的观点，所以他在一百多名人才中，被刘彻一眼看中，成了钦点的殿试头名。

后来，刘彻与董仲舒促膝长谈，在谈话中，刘彻受到了很大启发。于是，在董仲舒的建议下，开始更化鼎新。所

谓更化鼎新，就是改革。刘彻的改革主要从两个方面入手，一是兴儒学，二是除弊政。这在中国的历史上被称为建元新政。

刘彻是有宏图大志的，所以他想要大刀阔斧、轰轰烈烈地展开改革，但是理想很丰满，现实却常常向着出人意料的方向发展。从高祖建立汉朝开始，已经经历了三代，汉朝一直是信奉黄老之术的，道家的无为而治在汉统治中已经占据了根深蒂固的统治地位，刘彻想要采纳董仲舒“罢黜百家、独尊儒术”的建议，第一个站出来反对的就是窦太后，因为窦太后是黄老之术的忠实信奉者和践行者。于是，刘彻和窦太后之间便产生了不可调和的矛盾，不过好在此时，窦太后并不认为刘彻能构成威胁，所以并没有干涉太多。

窦太后选择睁一只眼闭一只眼，这让刘彻轻松了很多，所以他并没有费尽心力，就建立了太学，且任用了不少儒士。他这样做的根本目的是将儒学思想发展成汉朝的统治思想。不过，刘彻也明白，这是一件任重道远的事，不可操之过急，所以接下来他先除弊政。

要除弊政，就要进行三个方面的措施，第一个是列侯就国，第二个是除关，第三个是检举。这些措施大部分都与窦太后有关，因此导致了刘彻与窦太后之间的矛盾加深。那

么，都有哪些措施是与窦太后有关的呢？

首先就是列侯就国。汉朝自从开国后，分封了很多诸侯国，诸侯们接受分封后，自然主要去自己的封地生活，不得留在都城长安，长安虽然繁华，但已经人满为患。不过分封地与长安相比，生活条件差，不少诸侯在过惯了长安的舒适生活后都不愿意离开，但是皇上已经下了列侯就国的旨意，他们不得不离开，怎么办呢？他们想到了利用窦太后，他们跑到窦太后那里去哭诉，说自己舍不得离开窦太后，希望能侍奉窦太后云云，而此时的窦太后已经六十多岁，对于这些与自己有血缘关系的后生们也确实疼惜，心中自然不舍。但列侯就国是汉朝的规矩，刘彻这样做，也是符合规矩，所以她也不好说什么，只是感情上舍不得，但无论如何，窦太后与刘彻之间的第一个矛盾就这样产生了。

其次就是检举。那么，检举什么呢？检举的就是窦姓、刘氏宗室和其他一些违法乱纪之人。大汉王朝就姓刘，刘氏子孙平时自然嚣张跋扈、不可一世，而窦太后是文帝的妻子、景帝的母亲，又是刘彻的奶奶，窦姓人也经历了三代，其在朝中的势力早已经盘根错节，在日常行为中其骄纵程度与刘姓人也是有过之而无不及，所以刘彻检举的矛头也就指向了这两类人。在检举政策开始实施后，刘彻很快就查办了

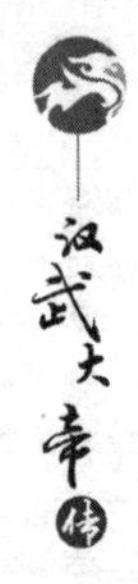

一些皇室宗亲，其中就包括窦太后娘家人。这些人被查办后，他们的家人就跑去窦太后面前告状且从中添油加醋，说刘彻不把窦太后放在眼里，希望窦太后能为他们做主等。虽然窦太后是刘彻的祖母，但窦太后从刘彻的言行中也无法挑出什么错处来，所以这次她没有干涉。

窦太后干政

初生牛犊不怕虎，年轻人做事时往往勇气十足、意气风发，少年刘彻在当上皇帝后也是志得意满，认为自己一定能做出一番作为，尤其是在新政的推行上，他更是大张旗鼓，不过他忽略了自己的新政可能对窦太后产生的影响。随着新政的逐渐推行和新儒学、除弊政的很多措施逐渐侵犯列侯、宗室和贵戚的利益，他们开始越来越不满，站出来反对新政的人也越来越多。此时，窦太后开始站出来劝说刘彻废弃儒学，继续推行黄老学生学说，但刘彻拒绝了。随后，刘彻与窦太后之间的矛盾逐渐加深。

在刘彻推行的新政中，主要负责人有三位：丞相窦婴、御史大夫赵绾以及郎中令王臧。窦太后对刘彻的第一次反击就是从赵绾和王臧开始的。

建元二年（公元前139年），御史大夫赵绾以及郎中令王臧向刘彻建议，说日后朝中大事不必事事报告东宫，皇帝

应该自己做主，言下之意是刘彻应该亲政了。在汉景帝驾崩之前，曾经在交代后事时说让窦太后辅佐刘彻，所以窦太后是名正言顺的辅政大臣。另外，窦太后掌管了用兵的虎符。虎符是兵权的象征，谁拥有虎符，谁就有号令军队的权力，而军权是所有其他权力的基础。景帝在驾崩前之所以将兵权交给自己的母亲，是希望她能在儿子年幼时给予照顾和辅佐，帮助他成为真正有为的帝王。

赵绾和王臧向刘彻提出这种建议，意思就是让刘彻摆脱窦太后的控制，而刘彻自身也同意这一点，他知道，作为皇帝，只有自己掌控权力，才能放开手脚、不受桎梏。不过这也只是他美好的愿望而已。很快，赵绾和王臧的建议就传到了窦太后的耳中，窦太后在这之前就对刘彻有了看法，此时听到这一消息，更是怒从心中起，心中暗忖，这个刘彻是翅膀硬了，想要对抗自己了，看来是时候要做点事制止刘彻再推行新政了。

其实在此之前，窦太后就有这样的想法，只不过从刘彻的言行中挑不出任何错处，她找不到借口而已，而刘彻的老师卫绾正是感受到来自窦老太后的压力，不得已告老还乡，回家养老去了。

窦太后雷厉风行，在下决心后，她很快采取行动。她先

给赵绾和王臧二人定“奸利”之罪，接下来又罢免了窦婴和田蚡的丞相、太尉之职，然后任命和她一样信奉黄老学说的许昌、庄青翟为丞相和御史大夫。她这样做，是为了给刘彻提个醒，告诉他不要肆意妄为。

赵绾和王臧下狱后，很快就自杀了。就这样，不到两年时间，刘彻推行的建元新政就这样告终了。此时的刘彻，看到自己身边的几位得力干将走的走、死的死，纵然自己贵为一国之君，却无能为力，不免感伤。

韬光养晦

刘彻自从登基后，就满腔抱负，要做一番大事，但建元新政的失败对他打击巨大，不过他对此事的反应却让人摸不着头脑。他并不是一蹶不振，也不是抓住这个问题不放，而是绝口不提这件事，似乎它从未发生过一样。随后他将所有注意力放到了游玩狩猎上。这样平静的反应让窦太后也莫名其妙，不过祖孙二人就在这样的气氛中和平共处着。

其实，新政的失败让刘彻更成熟了，此时的他虽然还是一名少年，但有着超强的忍耐力。从前他是一名意气风发的新帝，现在他选择隐忍。为什么要隐忍呢？这是因为刘彻总结出来了自己新政失败的原因，他发现根源在于窦太后，窦太后不但有实力，还有势力。其一，窦太后手握兵符，能调动军队；其二，窦太后在朝中的势力范围很广，这岂是初出茅庐的刘彻所能比的。

刘彻想过，既然无法比，就不要选择正面对抗，而是退让。窦太后历经三朝，如今都六十七岁了，就算身体康健，还能活多久呢？而自己才十七岁，以后的路还很长，只要能坐稳皇帝的位置，还怕以后不能大有作为吗？想到这里，刘彻就平静多了，也就选择了隐忍。

不过，此时发生了这样一件事，淮南王刘安想趁朝中新政失败这个机会得到点什么。新政因为要独尊儒术，引起了朝中大臣的不满，尤其是那些老臣，更是对新帝刘彻没什么好印象。

而聪明的淮南王看到这个机会，随即组织人写了一本叫《淮南子》（本名《洪烈》）的书，并献给了窦太后。这本书可谓是正中窦太后下怀，因为这本书中对道家思想的阐述有很高的参考价值。窦太后看后心情大好，立即夸赞刘安的才华，并夸张地说刘安是自汉朝建立以来才学第一人，汉朝就应该坚持无为而治云云，并向刘安提议将这本书赐名为《淮南王书》。淮南王刘安一听，自然称好，这意味着他要出名了，只要是读了这本《淮南王书》的人，就知道自己的大名了。随后，窦太后还让人将这本书抄录了很多份，且将其分发给朝廷大臣们阅读。因为这本书阐述和分析的是道家思想，这与汉朝老臣们的治国理政思想是一致的，所以大家都对刘安佩服不已。一些人趁机拉拢巴结刘安，说刘安是高

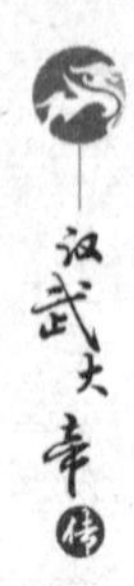

祖嫡亲血脉，才华也是非一般人能比的。刘安与这些大臣们走得越来越近，其中就有刘彻的舅舅田蚡。

刘安可能自己都没想到，自己找人随意编写的一本书就能这样一石激起千层浪，产生这么大的反响，刘安的心也随之不平静了，他有了更多的想法。他认为，现在就是机遇来了，当机遇来临时，如果自己不抓住就是傻子了。那么，刘安是怎么做的呢？他首先贿赂朝中大臣，以此拉拢人心。事实证明，他的这种方法奏效很快，其中被收买的就有刘彻的舅舅田蚡。田蚡在收到贿赂后对刘安说，你是高祖的嫡亲血脉，现在你声名在外，且当今皇上并无子嗣，更没有太子，如果皇上遭遇意外，我认为你是最有可能继承大统的。太后的弟弟、皇上的亲舅舅都如此说，可见淮南王刘安当时的影响力多大、支持力多少。而田蚡竟然提到了皇室后继无人的问题，更是十分耐人寻味，不过足可见当时刘彻的处境多么危险。

淮南王刘安如此积极地活动，自然是逃不过窦太后的眼睛。虽然此时的窦太后已经失明，不过她还是对周遭的一切心知肚明。其实，刘安敢这么做，无非因为窦太后纵容。窦太后的本意是让刘安给刘彻一点教训，让刘彻不要再肆无忌惮，她并不是想要真正将刘彻从皇位上拉下来。要知道，毕

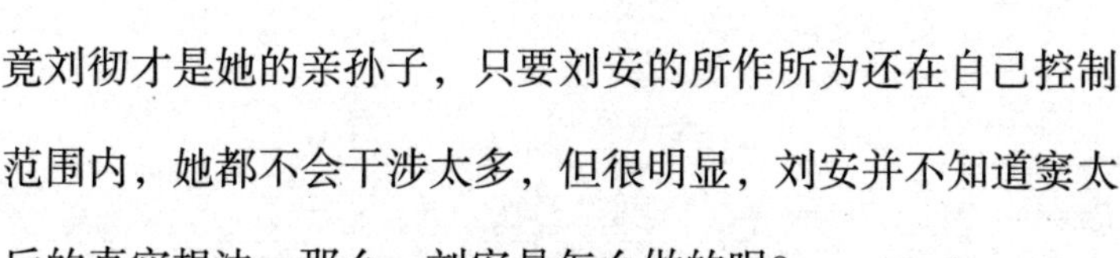

竟刘彻才是她的亲孙子，只要刘安的所作所为还在自己控制范围内，她都不会干涉太多，但很明显，刘安并不知道窦太后的真实想法。那么，刘安是怎么做的呢？

此时的刘彻在韬光养晦，地点是上林苑。上林苑是刘彻在当太子时期围猎的地方，这里珍禽野兽应有尽有，刘彻在新政失败后的四五年时间里都沉浸在上林苑，骑马打猎、吟诗作赋，朝政上的事，他是完全不管了。

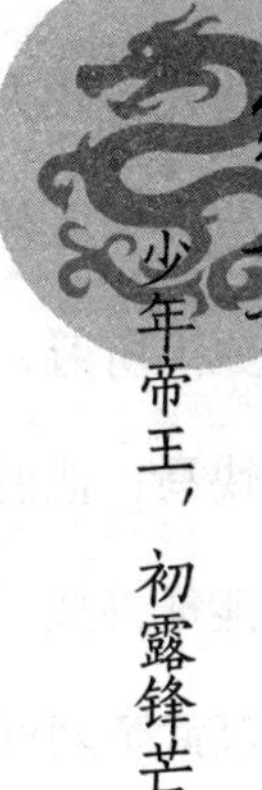

第三章 少年帝王，初露锋芒

情定卫子夫

在建元新政失败后的三四年时间里，刘彻将时间都泡在了上林苑中。上林苑是皇家狩猎的地方。其实，狩猎原本并不是中原人所习，而是匈奴人的爱好。匈奴人擅长骑射，尤其是骑快马，他们肆意驰骋在草原上，驱赶着羊群和马群。匈奴人能征善战、作战能力强，很大程度上与这一点有关。那么，汉武帝刘彻为什么喜欢匈奴人的娱乐活动呢？

这一点还要从狩猎的特点说起。狩猎本身就是驱赶猎物奔跑于草原上，其中最重要的就是速度，也就是机动性，其次是包抄，将这两个方面合起来，就是狩猎的关键。匈奴人口不足汉族人口的十分之一，但是历代汉族王朝都被匈奴骑兵弄得焦头烂额，最后选择和亲等方式来保证双方的太平。但即便如此，匈奴人还是进犯边塞地区，其中重要原因就是他们的机动性强。刘彻就是认识到狩猎的战争意义，所以沉溺于上林苑中，以此掩人耳目，实际上是在学习战争思想和提高军队的作战能力。

提高大汉的作战能力，愿望是好的，但实现起来有点困难。为什么呢？因为当时虎符还在窦太后手里，她掌管了汉朝军队一兵一卒的调动权，刘彻手里没有军权，又如何谈提高军队的作战能力呢？不过刘彻不愧是少年有为，他很快想到了办法——他自己招兵买马。那么，招收哪些人呢？刘彻认为有战争血统的人，也就是烈士遗孤很适合。

此时的刘彻虽然没有军权，但还有政权，也不是傀儡皇帝，所以招几个人还是不成问题的，而且很快，他就组成了自己的一支军队，虽然人数不多，只有区区几百人，但毕竟都是烈士遗骨，身体里流着的都是能征善战的血液，所以都是精英中的精英。召集起来后，刘彻给这支军队起了一个名字——羽林军，且让一个叫卫青的人带领他们在上林苑中训练。卫青何许人也？这要从卫子夫说起。

刘彻有个姐姐叫平阳公主，她是汉景帝刘启与皇后王娡的长女。建元二年（公元前139年）春，汉武帝刘彻路过平阳公主家时，顺便进去串门，平阳公主就设宴款待刘彻。此时的刘彻恰逢新政失败，心情郁闷，平阳公主见到自己的这位皇上弟弟心情不好，就找来十几名美女奏乐跳舞。在这些美女中，有个叫卫子夫的，相貌倾城，性情温和，刘彻从众人中很快就看上了她。此时的刘彻年轻，血气方刚，对这样的美女一直盯着看，十分痴迷。身为一国之君，他的一言一行都被大家看在眼里，他对卫子夫的心思虽然没说出来，却早就被平阳公主捕捉到了。平阳公主自身也是个聪明伶俐且多情的人，她之所以让这些美女为弟弟跳舞，就是希望刘彻能从这些美女中挑出自己喜欢的，因为这些美女本就是自己府上的奴仆，一旦被刘彻宠幸，将来自己的公主府也会风光无限。其实，当年的长公主刘嫖也是这样的心理，但与刘嫖不同的是，平阳公主并未有太大的野心，她之所以给刘彻物色美女，还有个重要的原因是她看到弟弟政治上失意，想为他排忧解闷，她的好意也着实起到了作用。刘彻看卫子夫的眼神就给了平阳公主一个确切的答案。并且，在这场歌舞表演中，还有一个插曲：

刘彻发现了卫子夫之后，舞会还没结束，刘彻就说自己要去更衣。平阳公主也不知道刘彻为什么突然要更衣，但她知道这是卫子夫的机会，就赶紧让卫子夫也去更衣室，卫子夫没有多虑，就真的去了。

接下来，平阳公主继续看自己的歌舞表演，过了会儿，刘彻出来了，后面跟着的就是卫子夫。至于更衣室里发生的事，后人无从得知，不过刘彻告诉平阳公主他要将这个歌女

带到宫中。平阳公主毕竟是刘彻的长姐，对于刘彻的心思了如指掌，见刘彻这样说，便同意了。

过了会儿，刘彻发现自己在平阳公主府已经待了很久，便起身要打道回府，平阳公主遂起身相送。到了公主府门口，刘彻看到大门口站了一位英武不凡的马夫，随口说了一句赞扬的话，意思是姐姐府上人才济济，就连一位马夫也是生得如此出色。

这个马夫就是后来大名鼎鼎的卫青。卫青本不是站在公主府门口，他只是府上的一个奴仆，平阳公主见刘彻到了府上，就让英气逼人的卫青前来，她认为卫青命中富贵，只要给他一个机会，他一定能出人头地，而她就给了卫青这样一个机会。所以当刘彻夸赞卫青时，平阳公主就补充说这是卫子夫的弟弟，此人善骑射、武功高强，刘彻听到这，便产生了兴趣。他想，目前自己身边可信的人也没有，如果这个卫青有才干，倒是可以培养一番，所以他主动向平阳公主提出要卫青。平阳公主本就是为卫青创造机会，刘彻这样说，正中她下怀，便欣然答应了。当然，这与她将卫子夫送给刘彻的心情是不一样的，因为她对卫青本身就有特殊的情愫。卫青性情沉稳，虽然出身不高，却让平阳公主很是欣赏，且产生了男女之情。这一点历史记载并不多，此处不多说。

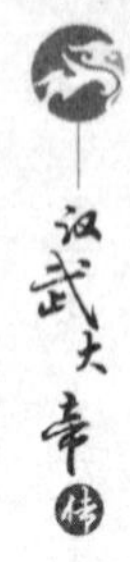

卫子夫在跟着刘彻进宫后，并没有立即被宠幸，这是因为长公主刘嫖的女儿阿娇从中作梗。无奈，刘彻只能暂时冷落卫子夫，这段时间足足有一年，而此时的刘彻也处于人生的低谷中，朝中的军政大权被窦太后一手把持着，而窦太后与长公主刘嫖母女二人的感情一直很好，为了未来大计，刘彻也不敢得罪长公主和阿娇了。如果自己得罪了她们，让她们在窦太后面前说了什么坏话，那么，自己的皇位能否保住都是个问题，更别说宠幸卫子夫了。

所以，为了保住皇位，刘彻不得不掩人耳目，避开卫子夫，让卫子夫只在后宫中做个杂役，但一年后，卫子夫怀孕了，而这让卫子夫成了皇后阿娇的眼中钉。

刘彻自从在长公主的撮合下成亲后，阿娇一直未有身孕，长公主和阿娇都十分担心。现在的刘彻还并未真正掌权，但一旦掌权，如果阿娇还没有生下皇子，她的皇后之位是很难保住的，景帝时期的薄皇后就是摆在眼前的真实案例，所以阿娇母女的担心也是情有可原。他日，一旦卫子夫生下皇子，那就晚了，所以她们必须要尽早动手！

不过与此同时，卫子夫已有身孕的消息被窦太后知道了。窦太后已经年近七十，早已对朝政不是那么上心了，她更希望能看到重孙的出生，所以在知道卫子夫怀孕后，她心

里十分高兴，要求刘彻给卫子夫一个名分。就这样，卫子夫才真正和刘彻在一起。

卫子夫得到了宠幸，她的弟弟卫青的机会也来了。卫青在跟随刘彻进宫后，在经过一段时间的训练与熟悉后，做了八百羽林军的统领，主要负责训练羽林军士兵。

从建元新政失败后，三年时间内，刘彻一直将自己沉浸于上林苑的狩猎中。很快就到了建元三年，此时，朝廷上发生了另外一件大事。

位于汉朝的浙南、福建东南一带，有一个附属小国闽越。闽越是先秦时期的部落名称，属百越的其中一支。闽越部落是汉族先民之一，也是闽越国的前身，于公元前334年建立闽越国。秦末楚汉争雄时，闽越人曾帮助过刘邦，刘邦在平定天下、建立汉朝后，就封了一个叫无诸的人做了闽越王。闽越在闽越王的带领下，发展了几十年，国富民强，而随着国家力量的强大，闽越国王开始不满足于当下的国土了，便想扩充疆土，践越王勾践之迹中兴越国，如此，战争就无法避免。闽越第一步是向周边一个叫东瓯的小国发难。东瓯与闽越是同一性质，它们都是汉朝的属国。东瓯在被攻打后，首先想到的就是求助于汉朝。而刘彻在接到求救信后，兴奋异常，因为他在上林苑中训练了三年，早就摩拳擦

掌，想要一显身手了，东瓯求助正是一个好机会。不过，此时朝中的军政大权依然在窦太后手中，即便他想要出兵帮助东瓯国，也获得了朝廷中一些大臣的支持，但窦太后的不主张出兵派依然占大多数。刘彻央求窦太后很久，都没争取到兵权，而此时的刘彻已经十八岁，也着实有些恼怒，他告诉自己，既然你不发兵，那我就自己想办法。要知道，此时的刘彻已经有了羽林军，虽然人数不多，但个个是精兵强将，于是，刘彻将自己的想法告诉了卫青。卫青在得到刘彻的指示后，便带着几百羽林军去闽越了，与他一同前往的，还有一个叫严助的人，此人是建元新政刘彻招纳贤才时发现的。在朝廷少数主张派兵的大臣中，严助也是态度最为坚决的。

卫青和严助带着几百羽林军向东南方向出发，不过他们不是直接去救助东瓯国，因为仅凭他们几百人，即使以一当百，也不是闽越国的对手。那么，卫青去做什么呢？去调兵。既然兵力不够，就去调，但是找谁调、调多少都是问题，并且最重要的是，调兵需要虎符，而卫青并没有。景帝时，周亚夫曾经在平定七国之乱时立下赫赫战功，景帝就将调兵的虎符给予了周亚夫，如果没有虎符，即便周亚夫官再大，也无权调兵。而此时，虎符到了窦太后手中，刘彻虽然贵为一国皇帝，但没有一点兵权。刘彻都无法调兵，更别说卫青了。

从理论上来说，这兵是调动不了的，不过这也只是理论，还要看具体的实践。虽然这件事很有挑战性，但最后卫青还是做到了。事情是这样的：

卫青因为没有虎符而无法调动兵马，会稽郡掌握军队的郡司马当然拒绝了卫青的要求。如果随意调动兵马，是要掉脑袋的，但郡司马怕死，卫青不怕，不仅如此，他还胆大包天。当时卫青费尽唇舌，郡司马就是不同意，卫青十分生气，随手就砍掉了郡司马的头。这一举动可谓是让当时的很多官员吓破了胆，对卫青也是言听计从。于是，卫青直接提拔当时的副司马为司马，然后命其发兵，让这些兵马跟随自己去闽越国。副司马早就见识到了卫青的杀伐果断，岂敢不从？所以，在这样的情况下，会稽郡的兵马就被调动了。

调动到了兵马之后，剩下的事就顺利多了。卫青深谙战略思想，他原意是救助东瓯国，但他没有直接去救，而是围魏救赵，先去攻打闽越国的根据地。闽越国的国王虽然有中兴越国的宏伟抱负，但无奈胆量小，卫青只是稍稍派了一些兵，就吓得他直接退兵了。

这是建元三年发生的事，也是汉武帝刘彻继位后第一次

采取大规模军事行动。这件事确实也让窦太后看到刘彻的实力与能力，祖孙二人的关系也缓和了不少。又三年后，也就是建元六年，窦太后去世，此时已经二十二岁的刘彻终于亲政，开始为实现自己的宏伟大业，为建设庞大的大汉帝国而酝酿。

罢黜百家

自古以来，匈奴生活于北方草原，以游牧为生，因为其善骑射、兵强马壮，经常骚扰中原，秦始皇在世时就曾派大将蒙恬率军三十万征战北疆十余年，终于将匈奴赶出河套平原，让其不准迁往漠北。随后，秦始皇为了保证匈奴永不再犯，便派人修建了举世闻名的长城。秦始皇在世时以其铁血雄风让匈奴人闻风丧胆，果然并没有入侵中原，但这种情况并不是永世不变，随着秦始皇驾崩，新的朝代更迭，又发生了变化。

秦始皇三十七年（公元前210年）冬天，秦始皇在第五次巡游过程中患病，不久便死于沙丘（今河北邢台）。秦始皇死后，宦官赵高与胡亥秘不发丧，且篡改始皇帝遗诏，将胡亥推上了大秦帝国的皇位，赵高掌管实际政权，秦始皇长子扶苏自杀。秦二世胡亥登基后不顾百姓死活，贪图享乐，横征暴敛，激起民变，且一发不可收拾，其中以陈胜、吴广

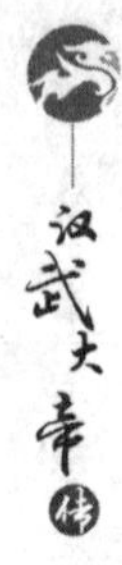

率领的大泽乡起义规模最为宏大。再到后来的楚汉相争，刘邦与项羽之间的角逐如火如荼，到处战火燃烧、硝烟四起，而北方的匈奴也是瞅准了机会，再次进犯中原。

当时匈奴的首领是头曼单于。头曼单于这个人骁勇善战、有勇有谋，虽曾败于大将蒙恬之手，但也带领匈奴一族雄霸北方。随着年纪渐大，他也要考虑首领一位的继承，在这一问题上，他是偏心的。他的大儿子叫冒顿王子，也是个骁勇善战之人，按照中原地区的惯例，长子嫡孙才有资格继承王位或者诸侯之位，而在头曼单于看来，他更喜欢的是冒顿王子同父异母的弟弟。然而，这确实于理不合，那怎样才能让自己喜欢的小儿子继承首领之位呢？他想到了一个自以为绝佳的妙计——将冒顿王子派遣到西域的月氏国当人质，紧接着又发兵攻打月氏国，这样一来，冒顿王子无疑是陷入了将死的绝境。冒顿王子一想到自己父亲的意图，心中五味杂陈。老父亲要置他于死地，但上天似乎并不要冒顿王子的命，冒顿王子并没有死，而是在机缘巧合中逃脱了。

逃脱之后的冒顿还是回到了匈奴，不过，回去的冒顿与头曼单于之间再也没有了父子之情，他要做的就是建功立业。看到大难不死的冒顿，头曼单于内心也发生了变化，他认为，自己的这个儿子也许是命不该绝，那就让他回来训练

骑兵吧。冒顿心里也有自己的一番计划。在训练中，他制作出一种叫作鸣镝的箭镞。鸣镝与寻常箭镞的不同之处，就是在发射出去之后能够划破空气发出尖锐的响声，而响声的作用就是指引方向。

在制成箭镞后，他将射杀的一个矛头指向了自己的宝马，并命令所有的骑兵跟随自己一起射，如果有人敢违抗命令，就立即斩杀，以此严明号令。宝马死后，他又将矛头对准了自己的爱妻。此时的他已经被杀戮冲昏头脑，心中虽闪过一丝不忍，但是冷酷无情很快占了上风，对自己的战马如此，对自己的枕边人也是如此。一些随从看到冒顿如此疯狂，便出言相劝，谁知道，他立即将射杀的矛头对准他们，吓得再也没人敢说话了。经过这些事后，他手下的士兵早已号令严明，对冒顿言听计从，就这样，一支铁血军队练成了。

在做足了这些准备工作后，冒顿静待时机，随时准备行动。不久之后，头曼单于便命令冒顿跟随自己去狩猎。冒顿还带了十几个死士，这十几个死士是他经过长时间训练且精心挑选出来的。在围猎开始后，头曼单于丝毫没有意识到，他即将成为自己儿子的猎物。

头曼单于可能到死也想不明白，为什么自己金戈铁马

的一生就这样终结了，也想不到为什么儿子会杀了自己，他死得太安静了。在冒顿射杀了自己的父亲后，立即就剿除异己，坐稳了王位，然后扩充兵力积极备战，在短短数年间便袭东胡、攻月氏、征楼兰，兼并楼烦和白羊河南王之辖地，并重新控制了河套地区。

从此时开始，匈奴占据了幅员辽阔的区域，东到辽河，西至葱岭，北抵贝加尔湖，南到阴山，匈奴铁骑在这些广大区域内肆意驰骋，人数最多时达三十多万，成为东方世界有史以来最强大的游牧民族。冒顿单于连连征战，也开始威胁到中国北方的统治。

与此同时，在中原之地，到处也是战火连连，根本无暇顾及北边匈奴的骚扰。到楚汉战争结束，汉王朝建立后的第六年，也就是公元前201年，刘邦才开始亲率三十二万大军出征匈奴。然而，冒顿单于使用诱敌之计将汉军围困在白登山（今山西大同）七天七夜，当时天寒地冻，汉军因远征而粮草不足，很多将士无法抵御北方严寒而无法参与作战。不过因为是皇帝御驾亲征，匈奴人虽然彪悍，但一时之间也难以攻破汉军防守。

刘邦在领略到匈奴骑兵的厉害之后，开始积极听取大臣们的意见，其中陈平建议用重金贿赂匈奴阏氏。阏氏何许人

也？阏氏为匈奴冒顿单于的皇后，在史书中常称“阏氏”为“有阏氏”。出自《匈奴列传》载：“单于有太子名冒顿。后有所爱阏氏，生少子，而单于欲废冒顿而立少子。”阏氏虽然爱财，但确是一个颇有心计的女人，她在收了汉朝的贿赂之后，便去求见冒顿单于。她告诉冒顿单于，大王即便得到大汉朝的土地，但匈奴是游牧民族，只擅长骑马，而不擅长种地，对我们有用的也只是北方的草原，那其他土地该怎么办呢？且汉朝虽然兵力不敌我们匈奴骑兵，但若是逼急了他们，说不定会做困兽之斗，到时候难免两败俱伤，还不如趁着当下的胜利见好就收，顺便向汉朝提出一些要求。冒顿单于思索了一番后，觉得阏氏的话很有道理，于是，他便派使者前去与刘邦谈判，意思是只要汉朝能每年为自己进贡，给自己送一些金银珠宝和美女，自己可以放汉军一马，刘邦也就答应了。随后，匈奴骑兵果然放开一道口子，将汉军从中放了出去。如此，汉军的白登之围才算解除了。

白登之围解除后，刘邦回到了长安，但这件事一直困扰着他，也是他的一大耻辱。最为重要的是，匈奴如此强大，一日不除，迟早会再次威胁大汉江山。不过刘邦一时也找不到更好的方法，只能答应匈奴提出的要求，包括和亲，所以每隔几年他都会送几名公主去匈奴，给冒顿单于做妻子。这

是刘邦在世时候的事，这对于汉王朝统治者来说，也是耻辱的，因为边塞的安宁居然以牺牲女人的幸福为条件。

在刘邦死后，冒顿单于还做了一件羞辱汉王朝的事，他竟然派使者给刘邦的发妻、汉朝的国母吕氏写了一封信，在信中表达自己房中空虚寂寞的感情，并表示自己知道吕后也寂寞等，然后又提到自己一直生活在草原，对中原生活感到好奇，想一探究竟等。

这封信的意思不言自明，首先是为了羞辱汉朝，其次是肆无忌惮地挑衅和威胁。但当时的汉朝，刘邦已死，步兵根本不是匈奴骑兵的对手，吕后在看到信后虽然十分恼怒，但也是无可奈何，总不能逞一时之勇发兵匈奴吧。思虑再三，吕后决定先保持忍耐，所以她给冒顿单于写了一封信，意思是冒顿单于能对中原地区感兴趣，是汉朝的荣幸，但自己已经年老色衰，牙齿脱落，已经伺候不了冒顿单于等。冒顿单于和吕后的信件往来中表明当时双方的实力悬殊。汉王朝此时才建立不久，经过秦末连年战争和楚汉争霸，汉朝国力空虚，根本再也没有精力和实力与匈奴周旋了，所以汉朝不得不选择委曲求全，将皇室公主远嫁匈奴，以此来换取边境的安宁，这就是汉匈和亲政策的由来。

现在，我们再回过头来看看汉武帝刘彻的时代。建元六

年（公元前135年），汉朝发生了一件大事，这就是窦太后病死。这件事对于刘彻来说是一件好事，在被窦太后把持六年朝政后，刘彻终于可以放开手脚了。

窦太后不死，刘彻就无法亲政，而窦太后一死，刘彻的命运就完全由自己掌控了。不过，刘彻自己也承认，他的奶奶对他来说是重要的人。当时，景帝刚死，如果不是窦太后一手扶持，他很难服众，也很难坐稳皇位。不得不说，窦太后是杰出的女政治家，但也不得不承认，她的死，才意味着汉武帝刘彻皇者生涯的真正开始。

元光元年（公元前134年），也就是窦太后死后第二年，刘彻就将自己搁浅的新政政策重新提上了日程，这个政策正是建元初年曾因窦太后干涉而不得不停止的更化鼎新。此次改革因为君主专制并没有受到什么阻碍，而这次改革过程中最大的亮点就是罢黜百家独尊儒术。

建元初年，董仲舒就曾向汉武帝刘彻上书说过："诸不在六艺之科、孔子之术者，皆绝其道，勿使并进。"言下之意就是建议刘彻在统治中统一思想，而罢黜百家独尊儒术就能起到这样的作用。后来封建社会人们常说的君君臣臣、父父子子就是来源于此。其实，在董仲舒上书的过程中，还说过这样一番话："《春秋》大一统者，天地之常经，古今

之通谊也。今师异道，人异论，百家殊方，指意不同，是以上亡以持一统；法制数变，下不知所守。臣愚以为诸不在六艺之科孔子之术者，皆绝其道，勿使并进。邪辟之说灭息，然后统纪可一而法度可明，民知所从矣。”这段话出自东汉班固《汉书传·董仲舒传》，意思是：“推崇的天下一统，这是天地之间的永久原则，是古往今来的一致道义。现在，每个经师传授的道不同，每个人的论点各异，百家学说旨趣不同，因此，君主没有办法实现统一，法令制度多次变化，臣下不知应该遵守什么。我认为方向不同，所有不属于儒家‘六艺’范围之内，不符合孔子学说的学派，都禁绝其理论，不许它们与儒学并进，使邪恶不正的学说归于灭绝，这样做了就能政令统一，法度明确，臣民就知道该遵循什么了！”

很明显，董仲舒这一番话戳中了汉武帝刘彻的心思，并且也为罢黜百家独尊儒术提供了很好的解释。的确，任何一个国家，只有实现思想的统一，才能实现国家统一，而刘彻登基时的汉朝杂学林立、学派众多，普通大众和统治者都无法适应，更别说找到统治国家的可行政策和方法了。

以上就是董仲舒提出罢黜百家独尊儒术的原因。但为什么说他戳中了刘彻的心思？前文我们说到，刘彻在很小的时

候就目睹了自己的姐姐远嫁匈奴的场景，因此打败匈奴是他一生的愿望，但当时的匈奴势力强盛，刘彻要打败匈奴，就必须要做足准备，保证万无一失。而统一国家思想是刘彻亲政后必须要放在首位的大事，他要保持绝对的权威，这种权威不仅是军事上的，更是思想上的。他在刚刚登基时的更化鼎新正是因为思想不统一，遭到了来自各方面势力的阻挠而失败的，所以年纪轻轻的刘彻在那时就明白一个道理，作为皇帝，要想办成大事，必须首先排除各方面的阻挠，其次是争取各方面的支持，说白了就是统一思想。控制了人们的思想，就能控制人们的行为，那么，事情也就做成了。

刘彻也逐渐认识到统一思想对于日后他出兵匈奴是必备条件，这是因为，当初闽越国攻打东瓯国，东瓯国求助于西汉朝廷，此时朝廷大臣中的主张出兵派和不主张出兵派在这件事上各执己见，让刘彻很难受。其实刘彻希望的是通过出兵从窦太后那里拿到虎符，不过因为朝廷中不主张出兵派占大多数，最后只能让卫青单独带领几百名死士单独行动，若非当时卫青杀伐果断，后果恐怕难以想象。此时的刘彻便意识到，自己早晚要和匈奴打仗的，如果到时候朝中再出现意见不统一的现象，还是会有很大阻碍，所以统一思想十分必要且迫在眉睫。这就是刘彻要将罢黜百家独尊儒术作为对匈

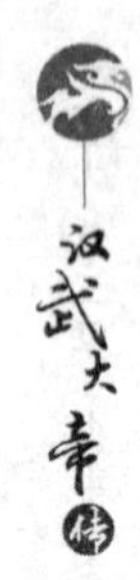

奴战争的第一准备的深层次原因。

从刘彻决定实行罢黜百家独尊儒术开始，这一过程在全国范围内实行是迅速同时也是缓慢的。这二者并不矛盾，说它迅速指的是刘彻在刚刚亲政时就立即为当年被窦太后逼得在狱中自杀的赵绾和王臧平反。刘彻这样做，是为了告诉所有人自己兴儒学的决心有多大。与此同时，刘彻还大量任用儒家学者为官吏。而之所以说这一过程很缓慢，指的是思想的统一不可能一蹴而就，需要长时间艰难的努力。这一过程中，尤其需要对异己力量的打压和消除行动，所谓的异己力量，就是反对或不支持刘彻的力量，其中最为典型的当属淮南王刘安。刘安曾在窦太后的纵容下对刘彻的皇位产生觊觎之心，并和朝中的不少大臣有密切的往来。淮南王刘安的谋反之心是毋庸置疑的，而后来在公元前122年，刘彻以谋反罪将其逼死。

当然，在统一思想的过程中，还有一些力量需要消除。这些力量未必是异己力量，但也对刘彻产生了威胁或压力，这些力量中的代表人物就是窦婴、田蚡和大侠郭解等。其中，窦婴被刘彻的母亲王太后和舅舅田蚡设计而死于狱中。实际上，让窦婴死并不是刘彻的本意，且一直以来，他都知道窦婴是个忠心耿耿且颇有才干的人，但刘彻要消除窦家势

力的意图不可动摇。在窦太后活着的时候，窦家在朝中就势力庞大，后来窦太后虽死，但经过文景两朝，窦家已然势力盘根错节，十分牢固。出于巩固自己政权的目的，刘彻采用了借力打力的方法；他先让田蚡与窦婴互斗，等窦婴一死，他再利用其他势力打压田蚡等母系势力。经过十分艰辛且漫长的努力，淮南王刘安、窦家势力、以田蚡为首的母系势力都被打压或消除，如此，刘彻统一思想的道路才算真正成功。

事实证明，刘彻统一思想对政权的巩固确实起到了不可磨灭的作用。在改革刚开始，刘彻就将朝廷内部一些思想守旧的旧臣换掉，取而代之的是以卫青为首的一批新大臣，朝廷中真正的军政大权，掌握在刘彻和卫青所掌管的内朝，而这一切都为刘彻接下来的行动奠定了基础。

马邑之围

自从汉高祖白登之围之后，面对兵强马壮的匈奴，国力虚弱的汉朝只能忍气吞声，和亲政策成为保证汉匈两国边境太平安宁的重要方法。不过，匈奴单于即便娶了汉朝的公主，也没有完全信守承诺，还是会三天两头派兵骚扰汉朝边境，甚至还有几次，他们的骑兵直逼长安，甚至在长安城里为所欲为，让帝王也无可奈何。这样的状况一直持续了十七年，即便汉武帝继位之初，也没有什么改变。

这样的情况汉武帝也是看在眼里的，所以他也在努力采取措施。从汉高祖刘邦开始，汉朝经历了三个朝代的休养生息，到了汉武帝时，国力已经十分雄厚，也是兵强马壮。刘彻虽然很年轻，但经历过很多事，他也得到了锤炼，早已经开始考虑如何处理汉匈问题了，而与此同时，正好发生了另外一件事。

窦太后刚死那年，也就是建元六年，匈奴的军臣单于又

提出和亲。其实，刘彻对于这样以牺牲女人的方式来换取和平早就反感了，尤其是他目睹自己的姐姐南宫公主被匈奴人带走，心中五味杂陈，在他小小的心里，就暗暗下定决心，一定要改变这种情况。所以，当军臣单于提出和亲时，刘彻的第一反应就是坚决不同意，但这不代表大臣们和他意见一致。实际上，大臣们愿意，他的生母王太后也愿意。刘彻看到母亲的反应，也是大为惊恐，他对王太后说，您已经送出去一个女儿了，难道还有其他女儿可以送吗？王太后称，事在人为，只要在宫中找一个宫女，再给她一个公主的名分，嫁给军臣单于就可以了。刘彻虽然不赞成这种做法，但是眼下他也找不到更好的解决办法了，他告诉自己要忍耐，等过两年自己能保证万无一失时再反击也不晚。因此，刘彻也不坚持了，反正也只是个宫女，这次过后，他一定会为大汉一雪前耻。于是，军臣单于要和汉朝和亲的要求就这样顺利达成了。与此同时，军臣单于认为，汉朝的男人竟然为了保平安一直牺牲女人，此乃懦夫，看来这个乳臭未干的小皇帝也是这样想。在这种想法的驱使下，军臣单于的警惕之心消除了不少。原来，军臣单于此次提出和亲要求的本意并不是要娶公主，而是试探刘彻。

不过无论如何，刘彻经历此事，感触很深。看来有必要

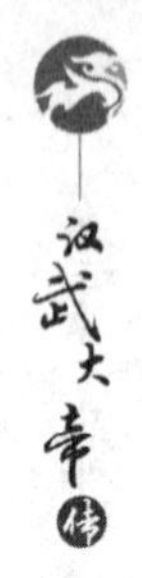

加紧各方面的准备工作了。于是，他开始驯养战马、镇守边防、准备粮草等。当然，刘彻的这些准备工作都是悄悄进行的，一般人并不知道。

两年之后，也就是汉武帝元光二年（公元前133年），终于发生了一件大事，这件大事是由一个叫聂壹的人引导的。聂壹何许人也？他是汉朝边境马邑县的一名商人，经常游走于汉匈边境做生意。此人不但思路清晰、脑袋灵活，更重要的是，他对大汉王朝忠心耿耿。他经常与匈奴人做生意，往来多了，他在匈奴境内也逐渐有了自己的名声，而名声一大，就很可能成为别人的目标而被人利用。

在匈奴人看来，无商不奸，尤其是善于做生意的中原人，更是无利不起早，他们认为聂壹也是这样的人，所以他们在盯上聂壹以后，就主动找他做买卖。那么，做什么买卖呢？这是一笔大买卖，因为与他谈的是匈奴单于的人。他们告诉聂壹现在有个发财的机会，他们即将要血洗马邑城，只要聂壹能进城给他们做个内应，且将马邑城的守将给杀了，再将匈奴兵放进去，他们就会给聂壹一大笔赏金，而为了表达诚意，他们可以先付一半定金。

聂壹一听，假装犹豫片刻后就答应了。这样，匈奴人暗忖，都说中原人奸诈，果然如此，为了小小的一笔酬劳，就

将自己的国家出卖了。但无论如何，匈奴人和聂壹之间的这次买卖算是达成了协议。

其实，商人只是聂壹的一个掩护身份，他的真实身份是汉朝的间谍，是大行令王恢经营了好几年的安插在匈奴边境的暗线。聂壹在和匈奴人交涉完之后就将事情的全部经过上报给了王恢。

那么，王恢又是何许人也？西汉大臣，燕国人。边吏出身，后任大行令。他一向反对向匈奴和亲。

元光元年（公元前134年）秋，匈奴来汉请求和亲。大行令王恢认为匈奴反复无常，主张与匈奴开战，而这一点与刘彻的想法不谋而合。正因为如此，刘彻很信任王恢。这次匈奴人找聂壹做生意的事。王恢在得知后立即上报刘彻，将事情的详细经过全部说了。刘彻听后心情极为激动，他认为这是绝佳的好机会，如果能将计就计，将匈奴大军诱至马邑一举围歼，那匈奴的问题就能一劳永逸地解决了。于是，刘彻就和王恢商量一番后决定发兵三十万，并派韩安国、李广、公孙贺三人三倍于敌地在马邑附近的山谷中设伏。与此同时，刘彻还命令王恢与李息率三万人出代郡，准备从两边袭击匈奴的辎重并切断其退路。

聂壹在接到了王恢的指示后去见匈奴单于的人，他告

诉这些人，他愿意接下这笔买卖，并和他们商量，他会立即去马邑城，然后杀死守城将领，只要匈奴兵看到挂在城墙上的头颅，就能立即进城了。在聂壹的周旋下，这件事敲定了，军臣单于遂率领十万骑兵前往马邑，打算去马邑城烧杀抢掠，而到了距离马邑城还要百余里的地方，却发现沿途都有牲畜走动，却无人看管，就认为此事必定有蹊跷，一向多疑的军臣单于便产生了怀疑。恰好其中一小支骑兵部队抓到了一名俘虏，逼问之下，这名俘虏才道出了实情，原来这是汉军的反间计，汉朝原来有三十万大军。幸亏自己发现得及时，不然岂不是要全军覆没，军臣单于突然吓出一身冷汗，然后下令火速撤退。

其实，将一些牲畜放到马邑城外，是王恢的主意，他的本意是迷惑别人，但没想到反而引起了匈奴大军的怀疑，弄巧成拙。在匈奴大军撤退时，王恢、李息的三万大军已经准备妥当，但此时的敌人不战而退，也让王恢不明就里，而且，他们只带了区区几万士兵，根本无法阻挡匈奴的十万骑兵，所以看着已经撤退的匈奴骑兵，也是无可奈何。

对于汉朝而言，精心谋划的马邑之围就这样失败了，兴师动众三十万大军却连敌军的一根汗毛都没有伤到。事后，刘彻大为恼怒，随即将王恢打进地牢。下了大狱后的王恢心中颇有不甘，就让家人去找刘彻的生母王太后说情，希望王太后向刘彻解释，告诉刘彻自己之所以没有出兵，是希望能为皇上保住那三十万人马。但他万万没想到，自己的这一举动再次激怒了刘彻。刘彻固然尊敬王太后，但是并不会对王太后言听计从，他有自己的考量。再者，在刘彻亲政的前六年，他早就受够了窦太后的压制，而如今窦太后一死，他的母亲王太后又牵制他，其实，他早就不想被任何人掣肘了。所以王太后一为王恢求情，刘彻就迅速拉下脸来，没好气地告诉王太后，让她不要管，王太后也不再多言。

不得不说，马邑之围的失败确实很大原因在于王恢，他实在是太胆小了。他手头有三万大军，虽然无法打败匈奴大军，但也足以牵制一段时间，只要朝廷的三十万大军到了就行了。虽然汉军未必能全歼匈奴兵，但是重创他们是完全可以的。后来，王恢见向刘彻求情并没有用，便自杀于狱中了。

第四章 兴兵强国，壮志凌云

大将卫青，一战成名

马邑之围虽然是经过了汉武帝刘彻和王恢等大臣的精心部署，但最后未能顺利实现，不过它也有一定程度的积极意义——它是汉匈关系的一个转折点。在这之前，双方的关系一直是以和亲为主，虽然偶尔匈奴会南下滋事，但倒也没有构成大的双方火拼。而经过马邑之围，匈奴单于逐渐认识到，刘彻原来是如此心机深沉之人，登基才短短几年，竟然已经开始算计和匈奴的关系了，如果不是及时发现，险些中了他的诱敌之计了，此次，如果不给汉朝一些教训，日后刘彻必定会再有行动。所以，自从元光二年的马邑之围之后，匈奴人就彻底翻脸了，在接下来的三年时间里不断骚扰汉朝边境，烧杀抢掠、无恶不作，给当地的老百姓带来了巨大的灾难。

刘彻自从继位后，一直在考虑的一件事是如何打败北方的匈奴，将汉朝从白登之围带来的耻辱洗刷掉，而经过了马

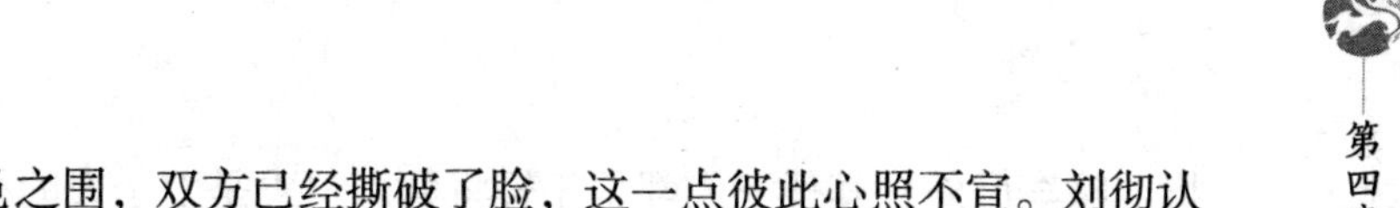

邑之围，双方已经撕破了脸，这一点彼此心照不宣。刘彻认为必须要让匈奴认识大汉朝的实力，否则只能一直被对方欺压，如果双方的战争无法避免，那么，大汉朝也绝不示弱。

匈奴接连三年对汉朝实施疯狂报复，这下终于激怒了年少气盛的刘彻。终于，到了元光五年（公元前130年），刘彻召集了他手下四名大将：李广、公叔敖、公孙贺和卫青。他告诉这四个人，现在大汉边境总是遭到匈奴骑兵的骚扰，百姓苦不堪言，我们现在的国力早就不是高祖时的国库空虚了，是时候主动出击了，我们必须要打击一下匈奴骑兵的嚣张气焰。现在也是朝廷考验你们的时候了，现在我给你们四万精锐骑兵部队，你们每人率领一万，去攻打匈奴吧！李广等人一听，热血沸腾，一个个都跃跃欲试，他们也早就对匈奴在边境的所作所为咬牙切齿了。

那么，这四个人分别是什么来头呢？

先说李广。西汉时期名将，秦朝名将李信的后代。汉文帝十四年（公元前166年），从击匈奴有功，授中郎。汉景帝时，授陇西都尉，参与平定七国之乱，历任七郡太守，镇守北疆。汉武帝即位，授未央宫卫尉。李广英勇善战，让匈奴畏服，称其为“飞将军”，数年不敢来犯。所以，在此次刘彻派往匈奴的四员大将中，李广是历经三代的一员老

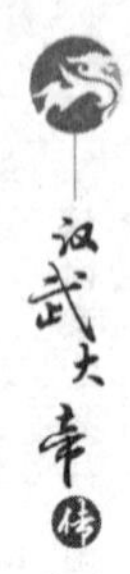

将。除李广外，其他三人都是年轻将领。卫青是卫子夫的弟弟，当时是跟着汉武帝刘彻进宫的，在进宫后不久，就被绑架了。那么，他为什么被绑架呢？这还与他的姐姐卫子夫有关。当时卫子夫已经怀有身孕，成了皇后阿娇和长公主刘嫖的眼中钉，她们想要对卫子夫下手，但当时的卫子夫已经被皇上刘彻保护起来了，她们根本没有办法。无奈之下，她们想到了卫青，既然动不了姐姐，那就动弟弟。于是，她们就这样绑架了卫青，彼时的卫青是建章营的一名普通侍从。不过卫青倒也幸运，他被绑架以后就被当时任建章营骑郎的公孙敖给救了，不过公孙敖也和卫青一样，从前也都未曾与匈奴士兵交战过。

刘彻选中的最后一人是公孙贺，此人是卫青的大姐夫。卫子夫进宫后，卫家人也都跟着进了宫，公孙贺是卫家女婿，所以也跟着进宫了。所以，在刘彻选中的四员大将中，李广靠的是资历和经验，公孙敖没有什么资历，而卫青和公孙贺则是因为卫子夫的关系。

事实证明，刘彻是个很有勇气的皇帝。他当时只用四万骑兵，且起用的大部分都是年轻将领，这些人几乎没有与匈奴交战的经验，所以要想成功击败匈奴，简直是天方夜谭。但在选人这件事上，刘彻有自己的考量。在景帝时发生的七

国之乱后，大将周亚夫已经不在了，朝中能打仗的人不多。这次选用将领，就是想看看哪些人可以在日后委以重任。另外，刘彻本身也是初生牛犊不怕虎，他认为自己看准的人，一定能成大事。在非常时期，就要有非凡的胆量，前怕狼后怕虎、贪生怕死之人是无法在日后成为栋梁之材的。

在准备工作做足后，刘彻就要进行战前动员工作了。刘彻站在台上说话时十分轻松随意，大意是现在给你们每人一万兵马，你们各成一支军队，彼此是平等关系，不需要谁领导谁。再者，将在外军令有所不受，你们可以视具体情况部署作战，不必事事请示朝廷，以免贻误战机。总结起来就是，只要和匈奴骑兵交战，只需要狠狠教训他们就行。由此看出，刘彻选用人才和任用人才，都是不拘一格的。

进行完动员工作后，四员大将分别带领一万兵马从四个方向出发了。四路兵马出发后，刘彻也不免担心起来，毕竟这四个人中，三个人都未曾有过经验，但是他随后就告诉自己，既然已经下了决心，就静待结果吧。

四路兵马出发后不久，就传来了战场上的消息。首先是卫青的大姐夫公孙贺，此人的经历比较逗趣，他带着一万兵马在北方的草原上逡巡了一圈，也没有看到匈奴人的踪迹。没看到敌人，他就带兵回来了。再就是公孙敖，此人就比较

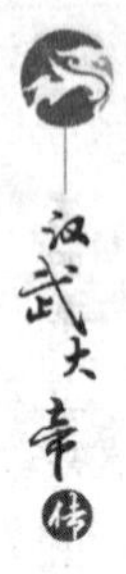

倒霉了，他遇到了一支骁勇善战的匈奴人。匈奴人本就是马背上的民族，他们战斗力强，汉军无作战经验，很快就战死了七千人，公孙敖不得不带领剩下的三千士兵班师回朝。再就是老将李广，在汉军四路兵马从中原出发时，匈奴人就收到了老将李广要出征的消息。匈奴人最是忌惮李广，所以他们对李广运用了更多的兵力。李广遭到了兵力超过自己几倍的匈奴人的伏击，所带军队全军覆没，而李广也被俘。不过，李广运气不错，居然在被押往匈奴的途中逃脱了。

最后是卫青。在四人中，卫青是唯一打了胜仗的。那么，他的胜仗是怎样打的呢？在开战之前，卫青就进行了一番分析，他想到刘彻在出发之前说必须要越过边界主动出击，既然是主动出击，就必须避实就虚、攻其不备，所以卫青并没有像公孙贺那样在草原上漫无目的地逡巡，也不像公孙敖那样主动找匈奴兵决战。那么，卫青是怎么做的呢？

首先，卫青借着地图勘探地形。他在地图上找到了一个特殊的地方——龙城，此乃匈奴部落祭天的地方。

自高祖的白登之围后，在汉匈两国的关系中，因为匈奴军力强盛，所以汉朝一直处于劣势地位，且尽管匈奴几次南下骚扰中原乃至直逼长安，但汉朝从未有过类似行径，所以在匈奴人看来，汉朝是不会深入匈奴境内的，匈奴境内的所

有腹地都是安全的，其中也包括祭天龙城。而卫青正是把握了匈奴人的这一心思，所以他采取了出其不意、攻其不备的策略，主动攻击龙城。

在选定了第一个要攻打的地点后，卫青就带领士兵出发了。战斗中，一切果然如卫青所料，驻守在龙城的只是一小支分队，只有几百人。卫青在经过几百里的长途跋涉和捣毁龙城后，只是在龙城附近随意侵扰了下，就全身而归了。

卫青攻打龙城这件事在匈奴内部产生了强烈的反响，而卫青也一战成名，匈奴人也开始认识卫青这个人。他的事迹在匈奴广为传播，大家都知道有个叫卫青的人，年纪轻轻就颇有胆略。不过，从卫青的行动后，匈奴人也变得更为小心谨慎起来。汉军长驱直入匈奴腹地几百里，这在以前是从未发生过的事，这个小皇帝刘彻怎会有如此能耐，他的目的是什么？

对于汉朝而言，卫青龙城大捷意味着汉匈十七年的关系开始慢慢转变，也意味着西汉强盛时期的慢慢到来。自此，卫青成为刘彻的一柄利剑。这柄剑十分锋利，甚至能取了千里之外的匈奴人的头颅。

在卫青战于匈奴时，在西汉的后宫中，也悄悄发生了一件事。在景帝后宫争储时，刘彻的母亲王太后曾与长公主刘

嫖给阿娇和刘彻定下娃娃亲，且有了“金屋藏娇”的美丽故事。不过这只是一场政治联姻，在刘彻刚刚继位时，军政大权是把握在窦太后手里的，而窦太后与长公主十分亲密，从某种程度上来说，刘彻也要依仗自己的这位姑姑馆陶公主，他需要借此来巩固自己的政权。即便在他将卫子夫带入宫中后馆陶公主曾想加害卫子夫，即便阿娇多年无子嗣且骄横跋扈，刘彻也只能在权衡利弊后选择退让。在刘彻心里，他讨厌这种女强男弱的夫妻关系，不过这一切随着窦太后的去世就结束了。

建元六年（公元前135年），窦太后病故，馆陶公主的靠山轰然倒塌，刘彻也因此真正掌握了政权。此时的阿娇虽然依然蛮横，但刘彻也不再忌惮她了。而卫青在征讨匈奴的过程中取得的胜利，更是让刘彻加紧了亲政的步伐。元朔元年（公元前128年），卫子夫产下长子刘据。刘彻遂立即将阿娇打入长门宫，且大赦天下，然后封温柔大方的卫子夫为皇后。

可见，哪怕金屋藏娇的故事再优美动听，在血淋淋的军事和政治面前都只能成为凄美的传说了。

推恩令

在卫青龙城大捷后，刘彻并没有再继续发动战争了，因为他认识到此时需要马上解决的问题并不是匈奴，而是内部矛盾，只有先稳定内部，对匈奴的用兵才能继续进行。而在内部矛盾中，最为严重的就是诸侯王的问题。

汉高祖刘邦在建立汉政权后，便分封了许多刘姓诸侯王，而到了文景两代时，这些诸侯王势力极度膨胀，汉王朝除了要应付来自北方的匈奴的骚扰，还要防备诸侯王叛乱。并且，一些诸侯王还勾结匈奴，企图谋朝篡位，可谓是内忧外患。在汉景帝时发生的七国之乱，就是诸侯王带来的隐患。

在与匈奴几次交涉的过程中，刘彻发现，要想最终战胜匈奴，必须要以强大的国力和兵力为后盾，而前提就是要统一思想。此时，有一个人出现了，此人就是主父偃。主父偃何许人也？他出身贫寒，早年学长短纵横之术，后学《易》《春秋》和《百家之言》。他在齐国受到儒生的排挤，于是

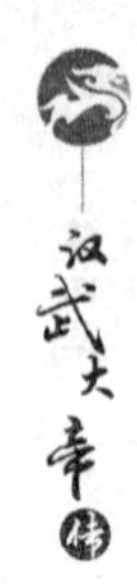

北游燕、赵、中山等诸侯王国，但都未受到礼遇。

最后，到了元光元年（公元前134年），主父偃做出一个决定，他决定先去函谷关，再到长安碰碰运气。也许是时运不济，主父偃到了长安后，也不受人待见，很快，他身上的钱都花光了，如果再找不到生钱的办法，可能要沦为要饭的了。此时，主父偃决定置之死地而后生。那么，他是怎么做的呢？他直接给皇帝刘彻写了一封奏章。这封奏章究竟是什么内容，《史记》记载得不详，只说奏章一共写了九条，其中八条是关于法律的，还有一条是关于对匈奴作战的。主父偃是不同意对匈奴作战的，而这个意见刚好和汉武帝的意见相反，但汉武帝没有因为他和自己的意见不合而生气，反而召见了他。同时被召见的还有另两个上书的人，这两个人也是反对对匈奴作战的。汉武帝见到这三个人以后说了一句非常有名的话，“公等皆安在，何相见之晚也”。说你们这些人都跑到哪儿去了，为什么我和你们见面这么晚呢？这句话说明汉武帝对这几个人非常器重。当然，同时被召见的三个人中最受器重的是主父偃。这个主父偃尝到上奏章的甜头了，于是隔几天就上一道奏章。这些奏章一上来就中汉武帝的心思，所以汉武帝见一道奏章就提拔他一次，再见一道奏章再提拔一次，一年之中提拔了四次，所以主父偃迅速地飞

黄腾达了。

在龙城大捷后，汉武帝刘彻开始在全国范围内统一思想。他的最终目的是打败匈奴，所以他积极地进行各项准备，比如养马、兴水利、改革财政、增加国库收入……此时，主父偃几次上书，都能切中时弊。他认为，汉初分封的诸侯国连城数十，还有相当的实力。汉武帝的叔叔梁王出行，千乘万骑，和天子一样威风；他还自造弓箭数十万，府库的“珠玉宝器，多于京师”。这种情况对加强中央政令的推行不利。

为加强中央集权，主父偃向武帝建议，现在的诸侯妻妾成群、子女众多，但几十年，王位一直都是这样传承，已经传了很多年，但势力并没有因此缩小，陛下现在还不如颁发一道诏令，以大汉王朝的慈爱仁孝为出发点，让这些诸侯可以在自己的封地内继续分封，让除嫡长子以外的其他子弟也能享受到同等待遇，这样一层层分封下去，就能化整为零，诸侯国的隐患也能消除，而且不费一兵一卒。

这就是历史上有名的“推恩令”。主父偃将纵横家的纵横捭阖之术用到了极致，刘彻在听完后大大赞扬了主父偃的建议，并立即决定采纳。他随即下了一道诏书，这道诏书就是后来的推恩令。

推恩令的具体内容是：

将过去诸侯王只能把封地和爵位传给嫡长子的情况，改成允许诸侯王把封地分为几部分传给几个儿子，形成直属中央政权的侯国。

诸侯推私恩分封子弟为列侯。这样，名义是上施德惠，实际上是剖分其国以削弱诸侯王的势力。这一建议既迎合了汉武帝巩固专制主义中央集权的需要，又避免了激起诸侯王武装反抗的可能，因此立即为武帝所采纳。

同年春正月，武帝颁布推恩令。推恩令下达后，诸侯王的支庶多得以受封为列侯，不少王国也先后分为若干侯国。按照汉制，侯国隶属于郡，地位与县相当。因此，王国析为侯国，就是王国的缩小和朝廷直辖土地的扩大。这样，汉朝廷不行黜陟，而藩国自析。其后，王国辖地仅有数县，彻底解决王国问题。

推恩令吸取了晁错削藩令引起七国之乱的教训，规定诸侯王除以嫡长子继承王位外，其余诸子在原封国内封侯，新封侯国不再受王国管辖，直接由各郡来管理，地位相当于县。这使得诸侯王国名义上没有进行任何的削蕃，避免激起诸侯王武装反抗的可能。于是“藩国始分，而子弟毕侯矣”。封国越分越小，势力大为削弱，从此“大国不过十余城，小侯不过十余里”。

自此以后，困扰大汉王朝文景武三代的诸侯国问题就这样轻松解决了，且分封制逐渐被郡县制所替代。此后的两千余年，不管是哪个朝代下的中国，基本上都是沿袭了这种郡县的模式。

推恩令是元朔二年（公元前127年）正月颁布的，五年之后，淮南王刘安、衡山王刘赐两个人叛乱，但经过推恩令，诸侯国势力比之前削弱了很多，虽是叛乱，但未形成气候，很快就被汉武帝刘彻派兵镇压下去。自此以后，西汉诸侯王的势力彻底没落。

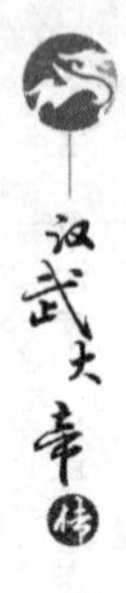

收复河套地区

在卫青龙城大捷后，匈奴骑兵经常在西汉边塞地区肆意骚扰百姓。到了元朔，匈奴骑兵更是大举南下，他们先攻破辽西杀死辽西太守，随后又打败渔阳守将韩安国，劫掠汉朝两千余百姓。到元朔二年（公元前127年），匈奴骑兵再次入侵上谷、渔阳。渔阳是中原北部的战略要塞，对于如此重要的位置，刘彻便派老将韩安国镇守。这个韩安国曾经是梁王刘武的丞相，刘武死后，刘彻便将其收到自己的麾下，为自己效力。而马邑之围中，刘彻便是派韩安国为主将，只是到了最后，这一战没打成。这个韩安国虽然有将帅之才，但并不喜欢打仗。他在被派往渔阳镇守时，没有积极部署发兵事宜，而是解散了征来的士兵，让他们在渔阳学习如何发展农业。匈奴人见到韩安国在渔阳如此疏于管理，就趁机派兵攻打渔阳。

渔阳战败后，刘彻大为恼怒。这个韩安国太令他失望了，大敌当前，不去训练士兵、积极备战，反而去种地。那

既然如此，就让他去当大农令吧，以后不要上阵杀敌了。随后，刘彻解除了韩安国的将军之职。

匈奴人在渔阳成功报复了西汉后，便开始继续袭扰中原，这一点彻底激怒了刘彻。他采取声东击西的方法，也在匈奴边境，尤其是防守空虚的西边河套地区出兵。

河套平原地区是指黄河“几”字弯和其周边流域。河套自古以来就为中华民族提供了丰富的文化资源及生活资源，民谚亦讲“黄河百害，唯富一套”。这种河套的地形在世界大江大河里绝无仅有。河套地区从西汉以来，一直被匈奴占据着，汉朝历史上，匈奴士兵几次举兵南下，甚至直指长安，都是先从河套地区开始发兵的，所以，河套地区一直是两军必争之地。

元朔二年，刘彻派卫青率四万大军大张旗鼓地从云中出发，然后前往渔阳、上谷等地，而军臣单于之所以攻打渔阳，就是为了激怒刘彻，让汉军主力和匈奴决战。军臣单于对于匈奴骑兵的实力还是很自信的，在他看来，只要汉军与匈奴骑兵对决，匈奴骑兵完全有能力吃掉汉军，所以卫青领军东进，军臣单于十分高兴。

匈奴单于最希望看到的就是卫青能和他们决战，但卫青早就看透了他们的意图，所以他并没有这么做。那么他是怎么做的呢？卫青从云中出发，然后一路造声势，让匈奴误以

为他真的要去与匈奴主力决战。就当匈奴做足准备要和汉军决一死战时，卫青却偃旗息鼓，绕开匈奴主力，到了他们的大后方，然后以迅雷不及掩耳之势占领了高阙，将驻守河南之地的匈奴大军同单于王庭的联系切断，又率精骑倍道兼行飞兵南下，直扑陇县西。这样匈奴的白羊王、楼烦王两部的包围扑了个空。当时的白羊王、楼烦王得到的消息是卫青和匈奴主力决战去了，而现在卫青却率军出现在遥远的西边，这让他们完全不知道发生了什么。

卫青是个少言却很沉稳的人；他在打仗的时候，速度迅猛，很快就将白羊王、楼烦王打了个措手不及，等白羊王、楼烦王反应过来准备逃跑之时，已经来不及，卫青率军将他们杀了个片甲不留。五千匈奴骑兵被杀，数千战俘被擒，一百多万头牲畜被汉军控制。就这样，卫青在河套地区一战成名。

河套地区被收复后，刘彻在那里设置了朔东郡、五原郡，并下令在此修建了朔方城，将中原地区的十万居民迁居于此，并将河南地区变成大汉朝进攻匈奴的基地。而此时，汉朝的疆土已经扩充到了今内蒙古鄂尔多斯一带。卫青在此次军事行动中表现出了杰出的指挥能力，他带领大汉朝将士全部返回，汉武帝刘彻亲自开城门迎接，对卫青表现出了极高的礼遇，然后封卫青为长平侯，食邑三千八百户。

张骞出使西域

建元元年（公元前140年），汉武帝刘彻即位，此时的刘彻年仅十六岁。此时，汉王朝已建立六十余年，历经汉初几代皇帝，奉行轻徭薄赋和“与民休息”的政策，特别是“文景之治”，政治的统一和中央集权进一步加强，社会经济得到恢复和发展，并进入了繁荣时代，国力已相当充沛。

据史书记载，政府方面，是“鄙都庾廪尽满，而府库余财”，甚至“京师之钱，累百巨万，贯朽而不可校；太仓之粟，陈陈相因，充溢露积于外，腐败不可食”。在民间，是“非遇水旱，则民人给家足”，以至“众庶街巷有马，阡陌之间成群，乘字牝者摈而不得聚会。守闾阎者食粱肉”。武帝正是凭借这种雄厚的物力财力，及时地反击匈奴的侵扰，从根本上解除了来自北方的威胁。也正是因为这种历史条件，一代英才俊杰得以大展宏图，建功立业。为了增加打败匈奴的可能性，汉武帝刘彻做了一件大事，那就是派张骞出使西域的大月氏国。

大月氏是公元前2世纪中亚地区的游牧部族。大月氏在公元前2世纪以前居住在中国西北部，后因遭匈奴侵袭而迁徙到中亚地区。在中国先秦时代的古籍中，大月氏或译作禺知、禺氏、牛氏等，后来也有译作月支的。

相传大月氏是把佛教带入中国的民族。公元前2年，有大月氏国王的使者伊存，把《浮屠经》等口述经典传入。不过，亦有人指出这种说法比较草率。

公元前162年，大月氏再度被匈奴攻击。当时冒顿单于的儿子老上单于还把大月氏的国王杀掉，并把国王的首级割下带返匈奴，把他的头盖骨当杯来使用。月氏人深恨匈奴，但苦于没有支援力量。而败亡的大月氏唯有再往西迁，来到粟特。在这里，大月氏征服了大夏，并在当地立国。立国后，因着贸易中转而变得繁荣。

公元前138年，汉武帝听到大月氏王被杀这个消息后立即传旨召募能出使月氏国的人才，张骞前来应募。张骞何许人也？

张骞生年及早期经历不详，汉武帝刘彻即位时，在朝廷担任名为“郎”的侍从官。据史书记载，他“为人强力，宽大信人”，即具有坚韧不拔、心胸开阔，并能以信义待人的优良品质。这正是张骞之所以能战胜各种难以想象的危难，

获取事业成功的一个重要因素。

看到前来应募的张骞，刘彻心中狐疑，便问张骞为什么愿意去西域？张骞告诉刘彻，他知道出使西域对于皇上和大汉朝来说十分重要，也会影响未来与匈奴对战的战略布局，他虽然是一个小小的侍从，但也愿意为英明的君主出一份力。刘彻听后十分感动，所以就命张骞带领一百多人从长安出发了。

出使月氏必须经过匈奴。张骞只带了一百多人就向西而去，出了陇西，果遇匈奴骑兵，张骞一行人全被活捉带到了单于面前。单于得知张骞要出使月氏后恼怒地说："月氏在我北边，你们汉朝想遣使从我头上过？我想出使南越，汉天子答应吗？"于是单于将张骞扣留在匈奴十年，逼他娶妻生子，希望消磨他的意志，但张骞始终记得他的使命。

十年后，匈奴人对张骞的看管似乎松了不少。有一天，张骞趁看守不严逃了出来，翻山越岭，向西走了几十天，来到了大宛。大宛国王听说了他的遭遇和中原的丰美富庶，非常高兴，很想和汉朝通好，就派向导把张骞领到康居，再转程到月氏。按照常理说，月氏国的国王被匈奴人所杀，他们应该对匈奴恨之入骨。张骞以为月氏国国王应该会爽快地答应与汉朝结盟，可是此时的月氏国已经新立了一位夫人为

国王，他们臣服于大夏国，得到一块水草肥美的土地安居乐业，已经不再有向匈奴报仇的心了。更何况他们觉得汉朝离他们太远，很难帮助他们。

看到大月氏的态度，张骞简直不敢相信，他随后开始反驳，并陈述大月氏的历史，包括他们的国王被匈奴所杀的事实。曾遭如此奇耻大辱，为何要隐忍？张骞在说这一番话的时候心情激动，想到了远在长安的一腔热血的少年皇帝，再想到自己带着使命，不远万里从长安穿越大漠，花了十几年时间，好不容易辗转来到了大月氏，如今却得到了这样的答案，心中五味杂陈，说不清是何种滋味。

张骞在大月氏停留了一年，无论如何劝说，始终不能圆满达成使命，只好回国。但张骞可能自己也没有想到，他的这次西域之行，本就创造了中华民族历史上的神话——开启了一条贯穿中西的文化大道。而历经十年还未回到大汉的张骞可能也没有想到，现在的汉朝已不是从前兵力虚弱、国库空虚的时候了，汉武帝刘彻励精图治，早就将大汉打造成一方大国，而大将卫青也横空出世，洗刷了自高祖白登之围后造成的屈辱，连一直被匈奴人控制的河套平原，也早就被卫青收复。如今的汉朝，早已不是从前匈奴可以随意欺辱的模样。

元朔三年（公元前126年），张骞历经十三年后，终于回到了长安，此时刚好是河套大捷的第二年。

漠南之战

河南之地位于汉朝都城长安与匈奴属地之间，对于双方来说，都是战略要塞。谁要是占领了这片区域，谁就拥有了最终胜利的一柄利剑。

在卫青收复河套之后，匈奴不甘心失败，多次出兵袭扰雁门、定襄、上郡等汉朝边境，希望重新夺回河南之地。在元朔三年，也就是河南之战后的第二年，军臣单于死，匈奴内部发生了内讧。军臣单于的弟弟左谷蠡王伊稚斜与军臣单于的太子于单争夺大单于之位，于单不敌降汉，而伊稚斜则自立为王。伊稚斜在成为新的单于后，军事行动更加频繁，尤其是对汉朝边界朔方的骚扰和烧杀抢掠，更是让汉朝百姓十分头疼。

为了巩固朔方，并打消匈奴对河套平原的觊觎，元朔五年（公元前124年），也就是河套大捷后的第三年，刘彻发兵十万，开始部署对匈奴的第二次大规模进攻。此次攻势的

意图，就是进攻盘踞在漠南的匈奴右贤王部，切断匈奴的右臂。

刘彻在建元新政失败后的三年，大部分时间都在上林苑进行围猎，表面上看是不事朝政、醉心游玩，实则不然，他其实是在研究匈奴骑兵的作战方法。在体悟出来以后，他运用闪电奔袭的战略思想袭击匈奴的右贤王部。

同时，刘彻出兵前让将士们兵分两路，一路由卫青率领三万骑兵，攻打匈奴的右贤王部，另一路则是让李息、张次公出兵右北平，在东边牵制匈奴左贤王部，以此协助卫青在西路的进攻。

卫青打仗，有一套自己的战术思想，尤其擅长声东击西、闪电式攻打。他是西路军主帅，麾下有李广、公孙敖、公孙贺等六员大将，经朔方出高阙，越过边境六七百里，然后直奔匈奴右贤王王庭。在卫青收复河套之后，汉朝边境与匈奴右贤王王庭之间的距离更近了，可谓是近在咫尺。匈奴右贤王虽然是个彪悍的骑士，也擅长作战，但和大部分匈奴男人一样，他不但爱美女，还酗酒。当卫青率领汉朝精骑杀进营帐时，他还一边搂着美女，一边畅饮，因为他认为汉朝军队一直孱弱无力，直接袭击匈奴右贤王王庭根本是不可能的事。可他万万没想到，他认为不可能的事就这样发生了。

匈奴右贤王的宴会持续了很长时间，宴会结束，他也已经有八九分醉了。此时，他才依依不舍地放下酒杯，然后摇摇晃晃起身，在美人的搀扶下去就寝了。夜深时，当听到外面杀声震天，睡梦中的匈奴右贤王才从美梦中惊醒。当他发现是怎么回事时，这才惊慌起来，可此时，往日彪悍的匈奴右贤王，面对卫青的精骑毫无招架之力，宛如待宰羔羊。在这之前，匈奴右贤王是听过汉将卫青的大名的，卫青的事迹他也有所耳闻。当他知道前来袭击的就是大名鼎鼎的卫青时，他知道自己败局已定了，所以他并没有正面与卫青对抗，而是带着一名美女跳上马逃跑了。

此次，卫青的突袭可谓是顺风顺水、毫无障碍。这次突袭的成果也很丰厚，匈奴右贤王部几乎被一锅端，上下一万五千多人全部被俘虏。除此之外，还斩获了匈奴十万多头牛羊。不过，刘彻看重的并不是这些财物，而是漠南地区。匈奴右贤王失败以后，匈奴主力与河西走廊上休屠王、浑邪王之间的联系被切断，收复河西也就是早晚的事了。

前线大获成功的消息传到长安后，不只是汉武帝刘彻，就连长安城的百姓也是大为振奋。从高祖时代起被匈奴人压制和欺辱的耻辱终于洗刷掉了。对于卫青的赫赫战功，刘彻

也是褒奖了一番；他派人捧着汉朝大将军印前往朔方，加封卫青食邑八千七百户，拜为大将军。汉朝所有将领都可归卫青统领，就连卫青三个襁褓中的儿子，也被封了侯，足可见刘彻对卫青的重视。

左谷蠡王伊稚斜在知道匈奴右贤王的失败后，又惊又怒，他不敢相信匈奴右贤王竟然就这样轻而易举地被打败了，与此同时，他也决心一定要报复汉朝。这年秋天，伊稚斜派精锐骑兵部队一万多人突袭代郡，在此处疯狂屠杀，并劫掠了千余人。伊稚斜的报复彻底激怒了刘彻，他在想，必须要歼灭匈奴主力。于是，第二年开春，他就让大将军卫青率军十余人从定襄往北进发，直接寻找伊稚斜本部，与其决战。

卫青手下统领着后将军李广、中将军公孙敖、强弩将军李沮等六人。卫青从定襄出发后不久，就遇到了一支强悍的匈奴骑兵，足足有千余人。虽然这支骑兵队伍最后被歼灭了，但很可惜不是匈奴主力部队。

卫青的这次战斗被远在长安的刘彻知道后，他认为，卫青可能是害怕失败而选择返回定襄休整，而不是继续寻找匈奴主力部队决战，心中颇为不悦，于是他给卫青下了一道命令，提醒他此次军事行动的目的是与匈奴主力决战，所以在稍微休整后必须寻找新的战机，不可拖沓。

卫青何等聪明，在接到刘彻的命令后，就看出来了刘彻对自己的不满，于是，在定襄稍作休整后就继续出发了。这次卫青的运气不大好，在刚刚离开定襄几百里后，就遭遇一大股匈奴军，双方发生激战。期间伊稚斜的主力与左贤王的军队都赶来增援，汉军虽然奋勇杀敌，歼敌万余人，但自己也损失惨重。

这里需要提及参与到战争中的一员小将——霍去病。他年方十八岁，是卫青的外甥，虽初出茅庐，但在此次战役中却建功立业。

霍去病曾跟随年长几岁的刘彻学习如何用兵，而这次是他第一次出击匈奴。曾练习数载的霍去病，早就对与匈奴人一较高下跃跃欲试了。卫青在率军从定襄出发后，霍去病便再三请战，卫青在他的软磨硬泡下便答应了，但叮嘱他只需要抓几个匈奴人前来即可，不要大动干戈。

然而，霍去病在离开营帐后，就忘记卫青的叮嘱了，即刻率领八百骁骑深入敌境数百里，把匈奴兵杀得四散逃窜，且杀伊稚斜单于大父行籍若侯产，俘单于叔父罗姑及匈奴相国、当户等高官，斩杀匈奴士兵两千零二十八个。

霍去病在战场上的表现让同行的士兵乃至卫青都叹为观

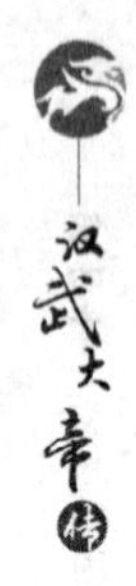

止。消息很快传到了长安，刘彻十分满意，随即就对霍去病大为嘉奖，赐食邑二千五百户，封为冠军侯。

不过，在此次战役中，还有一人需要提及，他就是前将军赵信，此人投降了匈奴。

赵信原本就是匈奴小王，后来卫青在训练骑兵时，因考虑到赵信的身份以及他对匈奴的了解，便将其推荐给刘彻。刘彻为了笼络赵信，便封其为翕侯，让其教授汉军骑兵之术。

在卫青第二次率军出定襄时，赵信为前将军，苏建为右将军，二人率三千骑兵，期间与伊稚斜单于的主力交战。战争持续了一整天，汉军损失惨重，赵信见势不妙，便随即投降了匈奴。

赵信可谓是墙头草，见风使舵。他刚开始以匈奴小王的身份投降汉朝，看到汉军败北又投降匈奴，这种行径为人不齿。他因在汉朝时负责教授骑兵，所以对汉朝的士兵情况乃至整个军队力量十分清楚。考虑到这一点，伊稚斜单于知道赵信投降匈奴，十分高兴，认为赵信的归来对自己简直就是如虎添翼。另外，他还认为赵信曾经在汉朝教授骑兵，所以一定了解如何对付汉朝军队。

在马邑之围之后，匈奴就与汉朝彻底撕破脸了。匈奴单

于认识到，汉朝再也不是几十年前孱弱的模样，他们的兵力大增，尤其是骑兵，他们的骑兵与匈奴骑兵的作战能力已经不相上下，甚至可以说，匈奴骑兵自认为是马背上的民族，但在龙城大捷之后，他们的作战能力已经呈现下降趋势。考虑到这一点，伊稚斜单于十分重视赵信的回归，不但给了赵信高官厚禄，甚至还将自己的姐姐嫁给他，以此表明对赵信的重视。

赵信看到匈奴方面的诚意后，也决心真诚追随匈奴。在与伊稚斜单于商量对付汉军办法时，赵信向伊稚斜单于提出一个建议，这个建议可以总结为四个字——战略转移。何谓战略转移？他告诉伊稚斜单于，在漠南之战后，必须要承认的一个事实是，在汉匈的实力对比中，汉军很明显已经开始逐渐占据上风，要想重新占据主导地位，就暂时不要和汉军硬碰硬，而是要保存实力。现在匈奴骑兵再也经受不住汉军的打击了，不如暂时迁往漠北，诱敌深入，等实力渐强后，再寻找机会和汉军一较高下，不可逞一时之勇。

赵信固然是个叛徒，但他对汉匈双方的形势分析还是有道理的，伊稚斜单于当然也早就看出了这一点，所以他也就听从了赵信的建议，将单于主力迁到了漠北。

伊稚斜单于将主力迁至漠北意味着他在汉匈角逐中的暂

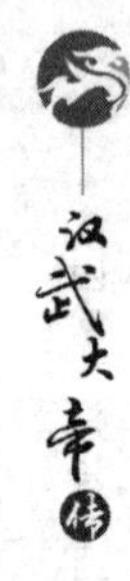

时妥协。这样，漠南之战宣告结束，汉军在这场战争中歼灭匈奴右贤王，击败伊稚斜单于主力。这一胜利是有战略性意义的，自此，汉军名声大噪，占据了汉匈战争的主动权。

收复河西

在漠南之战中，霍去病可谓是一战成名；他仅率八百余人就斩杀敌军两千余人，创下了以少胜多的辉煌战绩，这在以往的汉匈战争中是从来没有过的事。那么，霍去病到底是怎样的人呢？

霍去病出生在一个传奇性的家庭。他是平阳公主府的女奴卫少儿与平阳县小吏霍仲孺的儿子。这位小吏不敢承认自己跟公主的女奴私通，于是霍去病只能以私生子的身份降世。与大将卫青不同，虽然霍去病的身份不被承认，但他也是含着金汤匙长大的。因为在他两岁的时候，他的姨妈卫子夫就已经是夫人，舅舅卫青则是太中大夫；到了十二岁时，卫子夫就已经贵为皇后，而舅舅卫青也已成为击败匈奴的大将军，此时的卫家早已声名显赫，今时不同往日了。而霍去病作为皇后的外甥，当然是衣食无忧，且受人照拂的。霍去病到了七八岁时，已经历练成一名性格刚毅、果断坚强且胸

怀大志的少年了。因为他是卫子夫和大将军卫青的外甥，所以经常出入宫廷，也就被刘彻认识了。刘彻也十分喜欢这个沉稳干练的少年，在刘彻看来，太子刘据不像自己，倒是这个外甥很有自己当年的风范，所以刘彻有意栽培他，并给了他八百骑，供其差遣。

刚开始，霍去病任刘彻身边的侍中。刘彻对他的影响是很大的，刘彻在做出发动对匈奴攻击的决定时，霍去病也在其左右，从某种程度上来说，霍去病就是刘彻的弟子，刘彻也对霍去病寄予厚望。

元朔六年（公元前123年），霍去病第一次出征，没想到他只是小试牛刀就一战成名，被匈奴人称为战神。漠南之战中，霍去病长驱直入数百里，突袭匈奴大后方，以八百精骑创下傲人战绩。经此一战，霍去病可谓是勇冠全军，在汉军中名声大噪。

再来说霍去病收复河西的故事。

河西地区原本是大月氏部落的领地，后来大月氏国王被匈奴人杀害，大月氏国百姓不得不举国迁徙，匈奴人也就顺理成章夺取了河西走廊一带。而伊稚斜单于主力在赵信的建议下逃离漠北之后，刘彻并没有派兵去追，因为在他看来，收复河西走廊比追击逃遁的伊稚斜单于主力更重要，更具有

战略意义；一旦收复河西走廊，便可打通大汉与西域诸国的关系。

元狩二年（公元前121年），汉武帝任命十九岁的霍去病为骠骑将军，于春、夏两次率兵攻击匈奴。对于汉朝来说，这无疑是一次大冒险行动，毕竟霍去病才不到二十岁。但刘彻本身就是个喜欢冒险的人，他第一次任用卫青就是一次冒险，那次冒险让他发现了一名军事奇才，而现在，他又通过冒险发现了一个即将永垂青史的天才将军霍去病。当然，刘彻的冒险并不是头脑发热的冲动，他是经过深思熟虑的，尤其是看到霍去病在漠南之战中的表现，他更是相信霍去病的作战能力。

汉朝控制了河西地区，为打通西域道路奠定了基础。匈奴为此悲歌："失我祁连山，使我六畜不蕃息；失我焉支山，使我嫁妇无颜色。"

霍去病带着自己的队伍从长安浩浩荡荡地出发了，他发誓一定不辜负皇上的恩典与期望，要为大汉收复河西走廊。出了陇西以后，霍去病犹如下山猛虎，只要看到匈奴人就立即斩杀。不久之后，河西走廊上就出现了一支令人闻风丧胆的汉军部队。这支部队十分蛮横，不按常理出牌，来去如风。比如，匈奴人在某处集结进行防守，但是这支部队可能

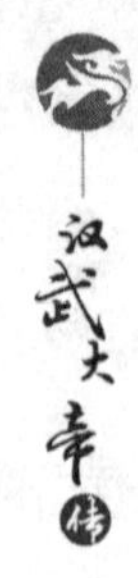

毫无预兆地出现在另外一个地方。

霍去病和他的部下来无影去无踪，让匈奴军队很抓狂。在短短六日之内，他转战了六个部落，都是以迅雷不及掩耳之势，火速出兵，又火速收兵，不在当地为非作歹。霍去病率兵于春、夏两次出击河西地区（今河西走廊及湟水流域）浑邪王、休屠王部，浑邪王、休屠王部派重兵正面迎击，霍去病却沿着焉支山悄悄前进，目的是去皋兰山打匈奴卢侯王、折兰王一个措手不及。但这次霍去病却遭遇了挫折，可能是消息走漏的原因，卢侯王、折兰王竟然已经在皋兰山等着他，分明是要和他决一死战。霍去病接下来进行了艰难的一战。对于霍去病来说，这是一场硬战，但他还是沉着面对，也丝毫没有怯懦之态。面对早已等候自己的地方大军，他大喝一声，一马当先，带领一万汉军冲杀起来。这场战争以霍去病的胜利而告终，虽然最后战死七千兵马，但匈奴方也损兵折将，结局惨烈，他们也从这场战役认识到霍去病的悍勇。

同年夏天，刘彻又派霍去病领兵数万出征河西。此次汉军兵分四路出发，霍去病领军从北方出发，主打河西邪浑王与休屠王部，公孙敖从陇西出发配合霍去病作战，而张骞和李广则率万余骑兵出右北平，牵制左贤王部。

霍去病和公孙敖的西路军从西北地和陇西出发，其本意是在塞外合兵共同打击河西匈奴主力，但中途公孙敖率兵迷了路，霍去病在双方商议的会合地点等了很长时间，却一直没有看到公孙敖部的踪影，最后实在没办法，只好独自率军继续西行。在第一次河西之战时，霍去病选择的是长驱直入，与匈奴硬碰硬，虽然最后也是打了胜仗，但损失惨重，这次霍去病吸取了教训，不采取直接攻打的方式，而是采取迂回包抄的战术。他先率军渡过黄河，再越过贺兰山，接下来绕过居延，然后沿弱水向南，经小月氏回兵东南，最后深入河西腹地千余里，才开始对匈奴展开攻击。浑邪王和休屠王的后侧翼遭到霍去病所率部队的猛烈攻击。

俗话说，战场上兵不厌诈，只要能打胜仗，就是好的策略，所以，霍去病此次采取偷袭的方式是正确的。匈奴人无论如何也没有想到，霍去病会从他们的身后给他们以痛击。这场战争中，霍去病所率部队区区三千人，却歼敌三万，迫降单桓王、酋涂王以及相国、都尉两千五百人，俘虏五王和五王母，单于阏氏、王子等一共五十九人，相国、将军、当户和都尉等六十三人。浑邪王和休屠王兵败逃亡。

在这场战役中，除了迷路的公孙敖，东边的李广、张骞

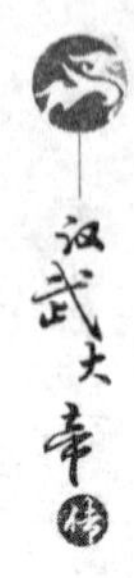

等也遇到了突发状况，情况是这样的：

李广乃东路先锋，他已率军到达了约定地点，但张骞未能按照预定时间率军到达，结果李广的部队遭到了左贤王部四万骑兵的围剿。李广毕竟是一名战斗经验丰富的老将，遇到这种情况也不慌张。他先命令随军出征的儿子李敢率十余骑兵刺穿敌阵以鼓舞士气，自己则率领剩下的将领与左贤王部骑兵决一死战。这一战就是两天，最后因敌我力量悬殊，汉军伤亡惨重。

李广原本以为自己会战死沙场，但到最后关头，张骞终于率领部队来了，左贤王兵看到汉援军已到，知道不敌，便悻悻逃遁了。

河西之战结束后，刘彻对霍去病在战场上的表现十分满意，加封食邑五千户，手下将领和士兵们被封赏的也不计其数。而对于老将李广，虽然他在战场上也是浴血奋战，但刘彻并没有封赏，认为其功过相抵。对于公孙敖和张骞，刘彻本是对他二人判处死罪，后让二人以财物赎罪。二人随后被罢去官职，沦为庶人。河西之战中，浑邪王和休屠王多次失败，导致大片河套地区丧失，伊稚斜单于知道后大为恼怒。在匈奴，将领们打败战的惩罚是很严重的，不少需要以死罪论处，而且浑邪王和休屠王失败后还逃亡，更是不可饶

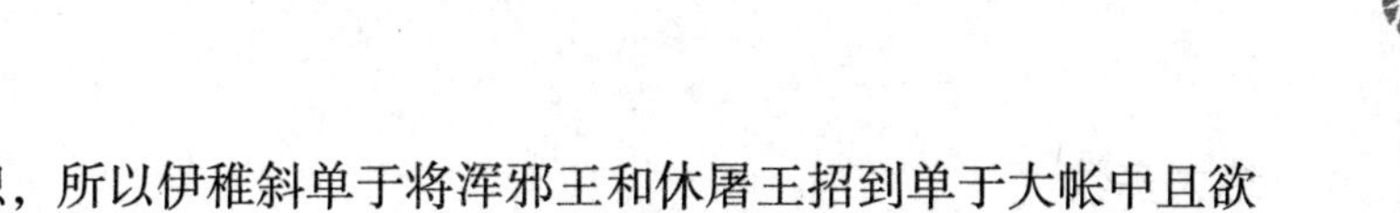

怨，所以伊稚斜单于将浑邪王和休屠王招到单于大帐中且欲杀之。

浑邪王和休屠王在察觉到伊稚斜单于的杀机后立即害怕了，于是，他们想到了一条妙计——前去投降刘彻。刘彻虽然好战，但性格沉稳谨慎，对于浑邪王和休屠王的示好，他虽然十分怀疑，但又觉得是个机会，所以将信将疑地尝试着与他们打交道。

于是刘彻就将受降的任务交给了霍去病，让其带领一万骑兵前去接应。霍去病和他的部下们还没有到达河西，休屠王就变卦了，称自己不愿意投降。其实投降这个计划本就是浑邪王提出的，所以他下定了决心，但休屠王则很犹豫，不知道到底怎么办，看到霍去病的部队即将到来，又临时变卦。两人就这样争执，最后浑邪王一气之下将休屠王杀了，然后带领休屠王的部下们在黄河岸边等待汉朝军队的到来。

霍去病率众渡过黄河来到河西时，浑邪王已经率四万余人在黄河边等候了。当匈奴士兵远远看到汉军挂着的大旗上赫然写了个“霍”时，不由得大惊失色。霍去病的威名他们是早就知晓的，此人虽然年轻，但早就让匈奴人闻风丧胆。许多匈奴士兵立即逃跑，尤其是休屠王的部下，逃跑者占据

绝大多数。

浑邪王内心也是战战兢兢，因为对于霍去病的厉害，他也是早就听说了的，所以心中也开始犹豫起来。

霍去病看到匈奴的阵营开始骚乱起来，便率数人杀入军中，抓到其中一名匈奴士兵问他们逃跑的原因，待知道事情真相后，他便让浑邪王管理好自己的阵营，不得轻举妄动。此时的浑邪王也只有听话的份。浑邪王虽然管不住休屠王的部下，但是管好自己的部队还是没问题的。

随后霍去病撤回到自己的军队中，然后一声令下，汉军便势如破竹，三下五除二便将逃跑的八千余匈奴兵杀死，然后告诉所有匈奴兵，谁再敢逃跑，就是如此下场。

匈奴士兵此时早已吓破了胆，个个都投降了，最后受降的一共有四万余人，而霍去病所领的只有一万余人。如果当时浑邪王临时反悔，选择与霍去病所带的汉军决一死战，是完全有取胜的把握的，但可惜的是，可能是摄于霍去病当时的气势，面对霍去病斩杀匈奴士兵，他竟然呆若木鸡，丝毫不反抗，最终也只是乖乖投降。

浑邪王是第一个投降汉朝的匈奴人，标志着汉匈实力对比的重要转折，所以刘彻便封其为漯阴侯，并对其表现出十分的信任，将其部众安置在陇西、北地、上郡、朔方、云中

五郡战略要地。而在河西之地，先后也设置了武威、酒泉、张掖、敦煌四郡，并将中原内地的百姓迁居于此。自此，河西之地开始划为汉朝版图。

决战漠北

元朔六年（公元前123年）漠南之战，匈奴伊稚斜单于听从了投降于匈奴的赵信的建议撤主力至漠北。他们的本意是诱敌深入，让汉军越过大漠来追杀他们，再给汉军以迎头痛击，而让伊稚斜单于无论如何也没有料到的是，刘彻并没有这么做，而是趁机收复了河西之地。丢失河西之地后，伊稚斜单于十分恼怒，下决心一定要报复汉朝。于是，元狩三年（公元前120年），伊稚斜单于派数万骑侵入定襄、右北平两军，杀掠千人后迅速离去，目的是激怒刘彻，诱使其进军漠北，然后围剿汉军。

然而，刘彻早就洞察了伊稚斜单于的企图，所以他根本没有动怒。当然，他也知道横穿大漠作战的难度，但好战是刘彻的特点，在象征性地召集大臣商量了一番后，他便派大军进入漠北了，决心与伊稚斜单于进行最后的决战。然而，这场战争需要耗费大量的经费，为了筹措经费，刘彻在出兵

之前的一段时间先进行了一系列的经济改革，其中包括币制改革，以及将盐铁专卖的权力收回朝廷。到了元狩四年（公元前119年），一切准备就绪后，刘彻便调集十万骑兵，由卫青、霍去病统领，分东西两路进击漠北。此次出征，步兵辎重几十万人，光是运送后勤物资的战马就足足有四万匹，足可见此次战争规模的空前庞大。

在部署作战方法时，刘彻原本的意图是让卫青麾下的李广、公孙敖和公孙贺从代郡出发打击左贤王部，而霍去病则从定襄出发，寻歼伊稚斜单于部队主力。这不仅是因为霍去病更擅长机动灵活的作战方法，更是刘彻希望能将此次的战功交给霍去病去实现，足可见刘彻对霍去病的信任和偏爱。

然而到了实际战斗中，情况却发生了变化。在汉军出发后不久，前方就有探子来报，称匈奴主力已经不在原地，而是向东迁徙了。此时，刘彻决定临时调整双方的作战部署，双方对换一下，卫青从定襄出发，而霍去病从代郡出发。

卫青大军在已经行进了千里之后，还是没有找到左贤王部的踪影，但探子无意中得知伊稚斜单于的主力位置。虽然在出发前刘彻交代了要听命行事，但也说过将在外军

令有所不受，且卫青此时已经是一名作战经验丰富的老将了，他知道绝不可错过如此绝佳的战争机会，于是立即通知下去，让前将军李广和右将军赵食合兵一处，从东路出发，袭击伊稚斜单于主力的左侧，而他则自己率兵攻打其正面。

于是，卫青军团就这样浩浩荡荡地出发了。伊稚斜单于主力早就听说了前方卫青大军的到来，两军对垒，一场血战在所难免。

按照常理来说，汉军不远千里来战，早已精疲力竭，应该是战败的一方，但是最终的结果出人意料。卫青与匈奴骑兵打了很多年的交道，早就知道匈奴人的战术。于是，他发明了一种新的战术，这种战术叫车骑协同。什么是车骑协同？

车骑协同指的是，命令部队以武刚车“自环为营”，以防止匈奴骑兵的突然进攻，而令五千骑兵出击匈奴。伊稚斜单于乃以万骑迎战。两军激战一日，未见胜败。临近日落之时，大风骤起，卫青发现此时是出战的最佳时机，于是乘势派军从左右两翼迂回，将单于的阵营包围起来。伊稚斜单于“视汉兵多，而士马尚强，战而匈奴不利”，遂趁夜幕降临，跨上一匹善于奔跑的精骑，带领数百骑兵杀出重围，朝

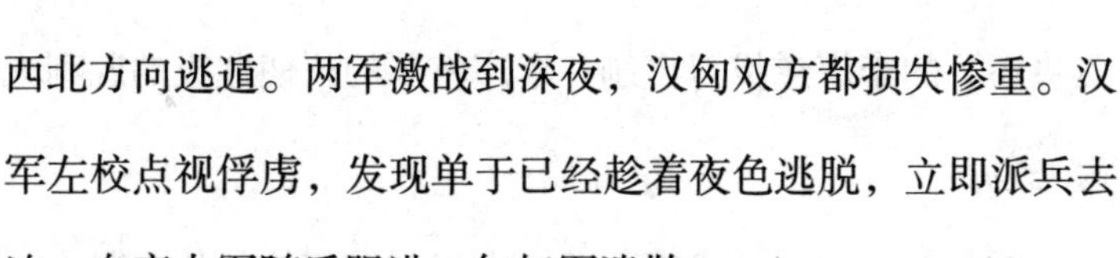

西北方向逃遁。两军激战到深夜，汉匈双方都损失惨重。汉军左校点视俘虏，发现单于已经趁着夜色逃脱，立即派兵去追，自率大军随后跟进。匈奴军溃散。

至天明，汉军追击二百余里，俘斩敌军一万九千余名，但未见单于踪影。卫青乘胜向北挺进，攻入寘颜山（今杭爱山南面的一支）赵信城，缴获了匈奴屯集的大批粮食和军用物资。

汉军在此驻留一日，然后放火烧毁赵信城及城内未能运走的余粮，回师南下。到达漠南之后，卫青与李广、赵食其会合。

卫青与李广、赵食其相遇后便询问，意思是我派你们去右路袭击伊稚斜单于的左侧背，但天都黑了，也不见你们出现，到底是何原因？因为伊稚斜单于逃脱，卫青心情十分不好，说话也不客气。

原来李广与赵食其出发后，因为缺乏领路的人，所以在大漠中迷路了。这一迷路，便错过了与伊稚斜单于主力的大决战。在出征之前，李广就曾向刘彻请战过，他之所以担任前将军，就是想面对面和匈奴单于的主力决一死战。他曾与匈奴进行过大小七十余战，此时见到卫青质问自己，他气愤大战即将爆发前卫青将自己调开，因为缺乏向导而在大漠中迷路，现在又让他蒙羞，曾经威震敌胆，被匈奴称为“汉之

飞将军”的李广遂拔刀自刎。李广将军的死使此役的胜利大为失色。

霍去病率军出了代郡之后，由于刘彻相信他的判断力，没有给他配副将，所以一切都由霍去病自己说了算。他率领经过自己挑选的五万精骑一路长驱直入，穿过离侯山，渡过弓闾河，北进两千余里，虽然未曾找到伊稚斜单于的主力，却莫名其妙地与左贤王部相遇。

自从元光二年马邑之围以来，与汉军作战的匈奴主力主要是匈奴单于本部以及白羊王、楼烦王、休屠王、浑邪王和右贤王等部，而至于左贤王部，以前虽然也曾有过接触，但未曾与其进行过正面对决。

霍去病素来擅长闪电战，也就是火速行动、火速撤兵，比如，霍去病经常偷袭敌军。但这并不意味着霍去病缺乏正规作战的能力，在收复河西时，他曾在皋兰山下与匈奴卢侯、折兰二王相遇，那时的战役便是正面进行的，此次与右贤王的短兵相接，也是这样的战役。

左贤王部一直偏居漠北，这些年和汉军也没有正面交战，实力没有受损。霍去病只有兵马五万，而左贤王部则远远不止。虽然是以寡敌众，但霍去病临危不惧，他早就做足了心理准备，他麾下五万将士个个是经过精挑细选的，战斗

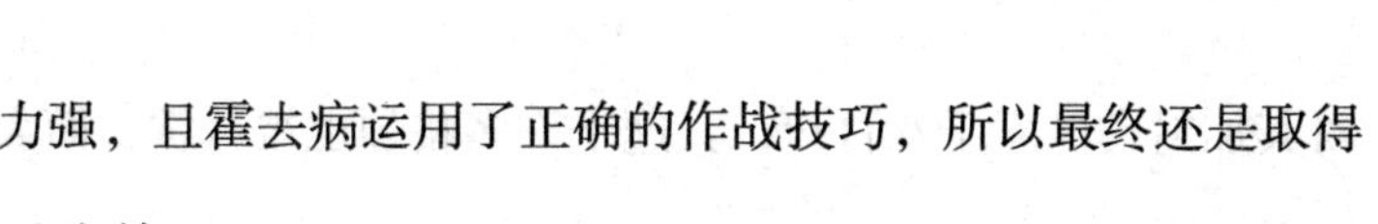

力强，且霍去病运用了正确的作战技巧，所以最终还是取得了胜利。

霍去病运用的作战技巧一直与卫青不同。卫青喜欢先排兵布阵，然后与敌军战斗，而霍去病则运用简单直接的方法，比如偷袭法，打完就跑，而如果偷袭用不了，那就直接开战。在开战时，霍去病的士兵都有着大无畏的精神，在霍去病的带领下，他们冲锋陷阵，丝毫不畏惧。双方碰撞在一起，毫不含糊地杀了个天昏地暗，其惨烈程度丝毫不亚于当年的皋兰山一战。左贤王部即使人数比霍去病一方多，最终还是失败了。

这场战斗结束后，霍去病麾下杀敌七万余，左贤王被杀，匈奴各级将领被俘者达到八十余人。

左贤王战死，霍去病乘胜追击，来到狼居胥山，稍作调整后，便进行祭天封礼，以表示自己要消灭匈奴的决心。封礼结束后，霍去病又跨上战马，继续向西追击，每战必胜，一直打到了瀚海（今天的俄罗斯贝加尔湖），方才班师回朝。

这次漠北之战以大汉的胜利宣告结束。从此，一直欺压汉朝的匈奴，终于不再强盛，远遁漠北。

在这场战役中，霍去病的表现让汉武帝刘彻十分满意，

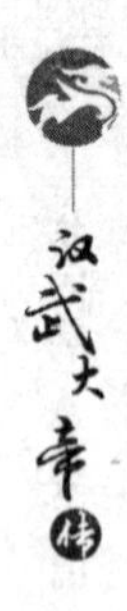

对其加封食邑五千八百户，其麾下许多将领也被封赏，而大将军卫青却并没有被加封，其中的原因除了他变相逼死了老将李广，应该还有此时的皇后卫子夫已经失宠。

第五章 晚年刘彻，英雄末路

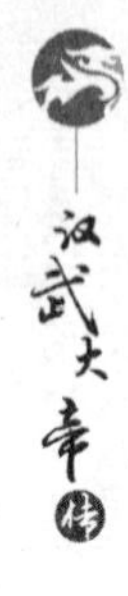

李陵战败，司马迁遭刑

在汉匈交战中，飞将军李广可以说是一个悲剧性人物。他羞愤交加时，拔剑自刎，其中与大将卫青有着脱不开的关系。李广死的时候，他的儿子李敢正与霍去病对付匈奴左贤王部。在漠北之战结束后，李敢随着霍去病的大部队回到长安，他听说自己的父亲被卫青逼死，不仅震惊，还十分愤怒，随即去找卫青算账，将其刺伤。卫青是个少言寡语、性情敦厚的人，对于李广的事，他本就心中惋惜，现在被李敢刺伤，也没有怪罪李敢的意思，反而通知军中上下不得找李敢的麻烦。

这件事很快就被霍去病知道了。卫青是他的亲舅舅，而此时的他因为战功在身，正春风得意，听到自己的舅舅被刺伤，便也扬言要为舅舅报仇。一次，汉武帝刘彻携带李敢和霍去病一同前去甘泉宫狩猎，而霍去病趁着刘彻没注意时，一箭射死了正在猎杀猎物的李敢。

这下子，霍去病可是捅了大娄子了。霍去病战功赫赫，是刘彻最信任的大司马骠旗将军，但他杀了人，且杀的是飞将军李广之子，刘彻知道后震怒不已，不过，他对霍去病也着实是偏爱，最终还是将这件事隐瞒了下来，对外只宣称李敢是在出外狩猎时不小心被野兽撞死的。随后，为了让霍去病躲过一劫，他又派霍去病去河西驻守，不过，霍去病去河西后不久就病死了。

霍去病死的时候年仅二十四岁，陪葬茂陵，谥封“景桓侯”，取义“并武与广地”，彰显其克敌服远，英勇作战，扩充疆土之意。

汉武帝对霍去病的死非常悲伤。他调来铁甲军，列成阵沿长安一直排到茂陵东的霍去病墓。他还下令将霍去病的坟墓修成祁连山的模样，彰显他力克匈奴的奇功。

霍去病之死在历史上一直是个未解开的谜。褚少孙在《史记》卷二十建元以来侯者年表第八中补记：“未死时上书曰：臣兄骠骑将军去病从军有功，病死，赐谥景桓侯，绝无后，臣光愿以所封东武阳邑三千五百户分与山。”这是历代史书中对霍去病死因的唯一记载。

也有说是在漠北之战中，匈奴人将病死的牛羊等牲口埋在水源中祭祀诅咒汉军，因此水源区产生了细菌。而霍去病

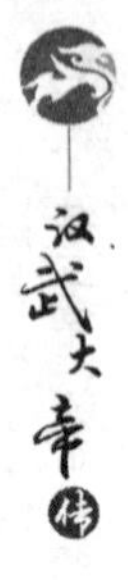

在此处饮食了带有病菌的水，加上长期劳累，身体免疫系统最终没有抵抗过去。后来蒙古军队西征时亦用过此战法。两千年前的医疗水平有限，数次领兵出征的劳累，加上长时间处于艰苦的环境，也足以对霍去病的身体造成不可治愈的伤病。漠北之战一年多后霍去病病亡。

再说李广和李敢，他们就这样死了，消失在了历史的长河中。而李广有个孙子叫李陵，其父叫李当户，是李广的长子。李当户早夭，所以李陵是个遗腹子。

李家世代为将，李陵是将门之后，善于骑马射箭。他对人有仁爱之心，谦让下士，名声很好。汉武帝认为他具有李广的风范，在李陵刚成年时就将他选入羽林军，让其担任长官。

刘彻对李陵十分欣赏，这种欣赏，完全不比对当年的霍去病少，这一点，可以从刘彻给李陵加以训练的骑兵之数看出。当年，霍去病第一次随卫青出征，刘彻就给了八百骑兵，而他给予李陵的，也是八百骑兵。

天汉二年（公元前99年）秋天，刘彻派大将李广利率军三万出征匈奴时，曾召见李陵，希望他能领五千步兵，为李广利提供后勤保障，被李陵拒绝。李陵说自己要出征就要冲锋陷阵，并不愿意在后勤部门。刘彻看到李陵如此求战，便答应了，但依然只给他五千步兵，而没有骑兵。

于是，李陵率五千步兵从居延出发向北行进一个月，在浚稽山遭遇单于主力，被匈奴三万多骑兵包围。李陵军驻扎在两山之间，双方兵力悬殊，汉军失败几乎已经是板上钉钉的事了。那么，最后李陵是怎么做的呢？

李陵以随行的大车作为营垒，布成防御阵势，前排持戟和盾，后排用弓和弩，下令："听到击鼓就进攻，听到鸣金就收兵。"匈奴见汉军人少，径直扑向汉军营垒。

李陵挥师搏击，千弩齐发，匈奴兵应弦而倒。匈奴军败退上山，汉军追击，杀匈奴兵数千。单于大惊，召集左贤王、右贤王部八万多骑兵一起围攻李陵。李陵向南且战且走，几天后被困在一个山谷中。连日苦战，很多士卒中箭受伤，三处受伤者便用车载，二处受伤者驾车，一处受伤者坚持战斗。

李陵说："我军士气不如前，鼓舞士气也不起作用，是何故？莫不是军中有女人？"原来，李陵的猜想完全是正确的。他的军队在出发时，曾经被流放到边境的盗贼的妻女随了军，藏匿于军中，影响了军队作战的士气。李陵知道后，将这些女人搜了出来并杀了。

第二天，士兵们再与匈奴人交战时，果然士气大振，斩杀匈奴士兵三千余人。随后李陵率部下且战且退，一直走了四五天，到一片芦苇荡附近时，才隐匿其中。这些匈奴人十

分狡猾，他们开始纵火，企图烧死李陵及其部下。但这一雕虫小技很快被李陵识破了，于是，他早早派人将周围的一些芦苇砍掉了，等火势蔓延到附近时，因为柴薪不济，自然就熄灭了。

后来，李陵又率兵退到一座树林中。树林郁郁葱葱，易于伏击，于是，李陵让士兵埋伏在树林里，等到匈奴兵追到林中时，便让士兵伏击他们。匈奴兵被突然杀出的汉兵搞得措手不及，人仰马翻，自相践踏，死伤者数千人，而在不远处的高地，匈奴单于目睹了这一切。李陵发现单于之后，让人抬来劲弩射杀他。在当时的军事条件下，汉朝的劲弩威力十分强大，匈奴单于见到自己已经被汉人发现，赶紧转移，仓皇逃窜。

李陵就是这样运用边战边退的方法一直到了汉朝边境，匈奴单于也一直尾随至此。匈奴单于见李陵与其部族十分彪悍，久攻不下，心中十分焦急，遂萌生了退意。他对部下说，我们与这支军队打了这么久都没有打败他们，他们大概是汉朝最精锐的部队吧。他们一直在逃，怕是诱敌之计，如果我们继续追，万一汉大军突然杀出，我们只会全军覆没。他的将领们在听到匈奴单于的想法后颇为震惊，其中有部下说，单于您领兵数万，兵力强于对方十几倍，却没有歼灭汉

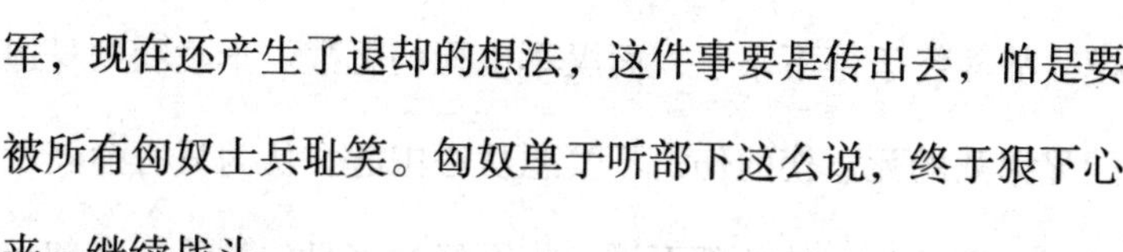

军，现在还产生了退却的想法，这件事要是传出去，怕是要被所有匈奴士兵耻笑。匈奴单于听部下这么说，终于狠下心来，继续战斗。

就在这时，李陵军中发生了一件足以影响李陵一生命运的事。李陵部下管敢受了校尉的气，在愤愤不平的情况下投降了匈奴，成为汉人的叛徒。要博得匈奴单于的信赖，他必须要拿出可以让对方信赖的“礼物”，于是，他就将李陵出卖了。

这个叛徒告诉匈奴人，其实，李陵率领的五千步兵不是汉军的主力，这支部队是孤军深入且没有后援的。此外，他说经过这么多天的战斗，这些士兵的箭矢早就用完了，所以他们的战斗力很快就要消耗完了。在分析了汉军的兵力后，这个叛徒又开始向匈奴人献计了。他说只要先截断李陵退往汉朝的路，然后引诱汉军将剩下的箭矢提前用完，那么，李陵便只能作困兽之斗了。

匈奴单于听了大喜过望，便按照此叛徒的计策去做。此时的李陵刚好率领剩下的士兵进入一处山谷内，看到山中高地有匈奴士兵，便一通乱射，虽然有不少匈奴士兵被射杀，但箭矢也用完了。与此同时，他们的退路也被匈奴士兵阻断。即便在这样的情况下，汉军也没有妥协，不少士兵拿出随身佩戴的短剑与匈奴短兵相接，场面惨不忍睹。到了深夜，战斗终于停下来了，而汉军也死伤无数。李陵看到身边的兄弟死的死、伤的伤，不禁悲从心中起，认为只有命丧于此了。而此时，他的部下说，将军经过多日的战斗，在匈奴已经是威名大振了，如今穷途末路，为何不投降匈奴，暂且保命呢？等到他日有机会，可再回汉朝效命。李陵听了一直摇头，认为此计不妥。

半夜时分，李陵让还活着的士兵们趁着夜色逃命去，他与韩延年率十余人突围，结果在突围的时候被匈奴骑兵发现，李陵、韩延年与匈奴骑兵浴血奋战，韩延年战死，此时的李陵才被逼无奈向匈奴投降。这场以少敌多的战役，最后以汉军失败告终。不过，李陵以五千步兵杀伤匈奴骑兵万余。而另外一路，原本打算与匈奴主力决战的贰师将军李广利，因为匈奴主力对抗的是李陵，李广利根本没有碰到匈奴主力，最后率部队在草原上转了一圈就回去了。

李陵投降匈奴的消息不胫而走，很快被刘彻知道了，他十分愤怒。本来，他对李陵寄予厚望，但没想到李陵竟然投降了匈奴。而此时，朝中的一些大臣也见风使舵，称李陵罪该万死，只有太史令司马迁为李陵求情。司马迁坦言李陵只率五千步兵转战千里，牵制了匈奴的数万骑兵，他浴血奋战，虽然最后投降匈奴，但李陵是不得已为之，如果李陵能侥幸不死，日后一定会找机会再回汉朝。

然而，汉武帝刘彻并没有将这一番话听进去。他一直以来最痛恨的就是匈奴人，所以只要是谁向匈奴投降了，那就是大汉的叛徒，就该被斩，尤其是他一直以来最为看重的李陵。见司马迁为李陵求情，刘彻震怒之下，将司马迁下狱。

司马迁被关进监狱以后，案子落到了当时臭名昭著的酷吏杜周手中。杜周严刑审讯司马迁，司马迁忍受了肉体和精神上的各种残酷折磨。面对酷吏，他始终不屈服，也不认罪。司马迁在狱中不停地问自己："这是我的罪吗？这是我的罪吗？我一个做臣子的，就不能发表点意见？"不久，有传闻说李陵曾带匈奴兵攻打汉朝，汉武帝信以为真，便草率地处死了李陵的母亲、妻子和儿子。司马迁也因此事被判了死刑。

汉朝的死刑要免死的话可以走两条路，要不交五十万钱，要不接受宫刑，而宫刑是个奇耻大辱，污及先人，见笑亲友。

后来司马迁在《报任少卿书》中提及此事："仆以口语遇遭此祸，重为乡党所笑，以污辱先人，亦何面目复上父母之丘墓乎？虽累百世，垢弥甚耳！是以肠一日而九回，居则忽忽若有所亡，出则不知其所往。每念斯耻，汗未尝不

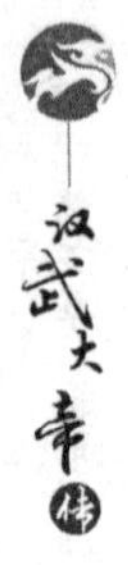

发背沾衣也！”在狱中，司马迁又备受凌辱，“交手足，受木索，暴肌肤，受榜箠，幽于圜墙之中。当此之时，见狱吏则头抢地，视徒隶则心惕息。”司马迁几乎在狱中断送了性命。他本想一死，但想到自己多年搜集资料，有着要写部历史书的夙愿，说：“人固有一死，或重于泰山，或轻于鸿毛。”因此为了完成《史记》的写作，他忍辱负重，希望出现一线转机。

司马迁认为受腐刑是一件很丢脸的事，他几乎想自杀。

但他想到自己有一件极重要的工作没有完成，不应该死。当时他正在用全部精力写一部书，这就是我国古代最伟大的历史著作——《史记》。

我们再来说李陵。后来，汉朝派使者出使匈奴，李陵质问汉使，他说自己以五千步兵牵制匈奴几万骑兵，已尽心竭力，就只是因为没有救兵而失败，他对于汉朝，可谓是鞠躬尽瘁死而后已，为何汉武帝刘彻还要赶尽杀绝，对自己满门抄斩？汉使便对李陵说在汉朝流传着他指导匈奴骑兵打仗的事。李陵听完以后悲愤不已，称指导匈奴练兵的并不是他，而是一个叫李绪的汉朝降将。

李陵在洞悉事情的原委后，便派人将这个叫李绪的人给杀了。

求汗血宝马

汉武帝一生穷兵黩武，喜欢四处征战，与此同时，他也喜欢狩猎，他一生的战功就是从狩猎开始的。所以他从年轻的时候就开始有个特别的嗜好——喜欢马匹。这个嗜好到了晚年，更是达到了几近疯狂的地步，只要他听说哪里有宝马，无论费多少精力、钱财，他都会派人去寻。

西域就是个盛产良马的地方，其中尤以乌孙国和大宛国的宝马良驹久负盛名。

乌孙国是西汉时由游牧民族乌孙在西域建立的行国，位于巴尔喀什湖东南、伊犁河流域，立国君主是猎骄靡。苏联学者认为乌孙文化是塞人（塞人即萨迦或塞克）文化的继承和发展，并称塞—乌孙文化。乌孙文化时期是公元前300年—300年。

公元前2世纪初叶，乌孙人与月氏人均在河西一带游牧，北邻匈奴人。乌孙王难兜靡被月氏人攻杀（据《汉

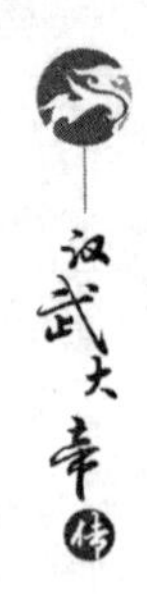

书·张骞传》）时，他的儿子猎骄靡刚刚诞生，由匈奴冒顿单于收养成人，后来得以复兴故国。

公元前177年—公元前176年，冒顿单于进攻月氏。月氏战败西迁至伊犁河流域。后老上单于与乌孙昆莫猎骄靡合力进攻迁往伊犁河流域的月氏，月氏不敌，南迁大夏境内，但也有少数人仍然留居当地。在塞种人与月氏大部南下以后，乌孙人迁至伊犁河流域，与留下来的塞种人、月氏人一道游牧。

随后汉武帝展开反击匈奴的战争，在武帝元光二年（公元前133年）发起马邑之战。在占领河套后，又发动河西之战，汉军节节胜利，至武帝元狩四年（公元前119年）终于出现“而金城（兰州）、河西并南山至盐泽（今罗布泊）空无匈奴”。同年，张骞认为联合乌孙国能切断匈奴右臂，向汉武帝建议拉拢乌孙国。

早年张骞出使西域时，为了表达汉朝想与乌孙国结成同盟的诚意，曾给乌孙国国王带去了很多珍贵的礼物，这些礼物在西域各国是找不到的。两国结成利益共同体，关系自然就近了。

相对于与汉朝的距离来说，乌孙国与匈奴的距离更近，乌孙国国王虽然想与汉朝结成同盟，但是又害怕汉朝路途遥远，一旦汉军走远，匈奴便前来骚扰他们，所以对于张骞提出的要求，他迟迟不敢答应。但同时，他对于张骞从汉朝带来的礼物又不忍割舍，匈奴的威胁是存在的，但汉朝的诚意也是明显的、让人无法拒绝的，在这样的情况下，乌孙国国王只得挑选良马，派出使者到汉朝报聘，但心中仍然存着疑虑，迟迟不敢做决定。

很快，乌孙国要与汉朝结亲的事被匈奴单于知道了。一直以来，在匈奴人眼里，乌孙国不过是一个小国，并没有放在心上，而此时，乌孙国国王居然如此胆大包天，和匈奴的死对头汉朝结亲，看来必须给他们一点教训了。匈奴人向来说到做到，过去大月氏得罪了匈奴，其国王的头颅就被匈奴人割下来，迫使大月氏子民不得不举国西迁。这件事，乌孙国国王也是知道的。

乌孙国国王一想到匈奴人的手段，就吓得浑身打哆嗦，但是他一想到现在已经和匈奴人翻脸，就没有什么好纠结的了，所以便派使节出使汉朝，表达自己愿意和亲的愿望，并愿意和汉朝一起对付匈奴。

此时的汉武帝刘彻年事已高，虽然还穷兵黩武，但已经没有年轻时那么极端好战了，并且，连年战争让汉朝国库空虚，人民生活困窘，所以不战而屈人之兵，这才是最佳决

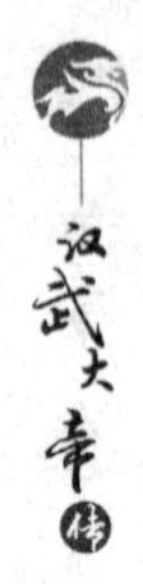

策。看到乌孙国国王愿意和亲，刘彻自然十分欢喜，但汉朝毕竟已经不是开国之初的样子，作为大国，要有大国气度，虽然刚开始提出结盟的是汉朝，但今时不同往日，作为小国的你们既然想得到汉朝庇护，就必须要有小国的姿态，一切就要按照程序来。既然要和亲，就要按照和亲的程序来。和亲的程序是汉朝的大臣们提出来的，而且是经过刘彻同意了的。汉朝将公主嫁到西域小国，西域小国就要出聘礼。

乌孙国使节将汉大臣的要求告诉了乌孙国国王，乌孙国国王认为这是合理的要求，当下就同意了。

元封三年（公元前108年），乌孙国将一千匹上等好马送给汉朝当聘礼。这一聘礼可谓十分厚重了，比上次乌孙国国王给刘彻的回礼要好很多。刘彻看到这些良马后十分欢喜，并将其称为天马。

在收到乌孙国的聘礼后，汉朝和乌孙国和亲算是成功了，于是，刘彻赐予江都王刘建的女儿细君公主一个新的公主名分，将其嫁给乌孙国国王昆莫，并给了她一笔丰厚的陪嫁嫁妆。此时的昆莫虽然已经垂垂老矣，但看到年轻漂亮的美女也是心神荡漾，于是他便册封细君公主为右夫人，地位在其他夫人之上。

汉朝与乌孙国之间的往来细节全部被匈奴人知道后，

匈奴单于气急败坏。乌孙国现在选择了汉朝这个靠山，以后怕是不能随意欺辱他们了，这可如何是好？思来想去，匈奴单于也想到了一个主意：既然无法以武力征服，不如也效法汉朝，与乌孙国结亲。于是，他将自己的女儿悉心装扮了一番，送给了昆莫。

昆莫何等老奸巨猾，他知道匈奴给自己送美女的原因，他也不敢得罪，便笑纳了，随后封这个女人为左夫人，地位与右夫人持平。在昆莫看来，汉朝虽然实力比匈奴强，但毕竟路途遥远，如果明面上得罪匈奴，汉朝也是远水止不了近渴，万一匈奴攻打乌孙国，乌孙国怕是会国破家亡，所以绝对不能得罪匈奴。

对于匈奴人的这招，刘彻更是懂得见招拆招。他将很多金银财宝送给乌孙国的细君公主，让其在乌孙国贿赂王公大臣。实践证明，无论在哪个国家，钱都是好东西。很快，这些王公大臣们都被收买了。没过多久，乌孙国上上下下都称汉朝是泱泱大国，汉朝与乌孙国之间是“情比金坚”，就这样，匈奴的这次阴谋就被化解了。

然而一波未平，一波又起，乌孙国国王在迎娶汉朝的细君公主时，已经年迈了，此时就出现了一个新的问题，汉朝与西域各国的风俗是不同的，汉朝讲究纲常伦理，君君臣

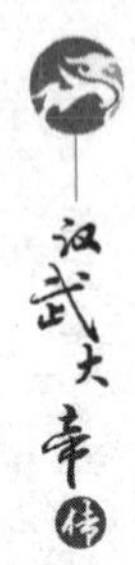

臣、父父子子等，而西域却不同。以匈奴为例，匈奴单于死后，新任单于可以娶后母为妻，也可以娶兄嫂弟媳为妻等。在汉朝，这些事是大逆不道的，而在西域，则再平常不过了。而此时的乌孙国，就是遇到了在汉朝看来尴尬的事。

细君公主嫁给昆莫时，昆莫已经一大把年纪了，所以他们成婚不久，昆莫就归天了，其孙岑陬成为新的乌孙国国王。而这个岑陬与细君公主的年纪差不多，血气方刚，看到年轻貌美的细君公主后，便喜欢上了。按照乌孙的风俗，迎娶爷爷的妻子，也并不是什么违逆道德的事，所以最后细君公主就嫁给了年轻的岑陬。可惜在生了一个女儿后，细君公主就死了。

细君公主一死，汉武帝刘彻就又头疼难过起来。他难过的并不是细君公主的死，穷兵黩武的汉武帝并不是为儿女情长牵绊的人，更不会因为一个公主的死而皱眉头，他头疼的是，细君公主生的是女儿。在西域各国，是不存在让女子继承王位的，可是，如果得不到乌孙国国王的王位，那之前的和亲岂不是瞎忙活？那怎么办呢？想来想去，刘彻决定将楚王刘戊的孙女解忧公主嫁给岑陬。

解忧是楚王戊的孙女，她很倒霉，先后嫁给了三代昆莫。乌孙的昆莫岑陬军须靡向汉朝求亲，娶了解忧公主之后，没多久就去世了。去世前，他把王位传给了堂侄翁归靡，约定自己的儿子泥靡是下一任继承人。翁归靡被称为肥王，和解忧公主感情不错，生了三男两女。就这样，汉朝和乌孙国之间的和亲，终于一锤定音、开花结果了。从此之后，汉朝与乌孙国之间一直睦邻友好。自此之后，汉朝使节也能畅通无阻地越过葱岭，到达安息、罗马等地了，不仅汉朝和乌苏之间互通往来，张骞出使大月氏时开辟出来的一条西域通道也逐渐繁荣起来。

在西域，国家有很多，除了与汉朝和亲的乌孙国，还有楼兰、车师等，他们对汉朝就少很多敬意了。他们经常打劫从此经过的汉朝商队或师团。汉武帝刘彻曾经派人到大宛去寻找汗血宝马，但几年时间毫无所获，这让刘彻大为震怒。

汉朝虽然与匈奴交战过很多次，匈奴人也领教过汉朝军队的厉害，但是汉朝与西域其他国家却没有交战过，他们也自然不忌惮汉朝。一开始，西域各国还是比较敬畏汉朝的，但他们更了解匈奴人的厉害，他们一直活在匈奴的铁骑和阴影下，因此更不敢得罪。

自从张骞出使西域，打开西域各国的通道后，越来越多的汉朝大臣主动请缨再出使西域。当然，这并不是因为他们爱国，而是为了捞到好处。其中不少大臣到了西域之后，中

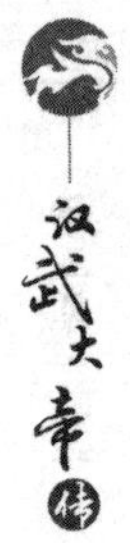

饱私囊，一些人还将西域国王送来的珍贵礼物据为己有，然后倒买倒卖，从中牟利。而汉朝与西域各国人民之间的关系也在发生着微妙的变化。刚开始，西域对汉朝很恭敬，但这些蛮横无理的使节败坏了大汉的国家形象，西域各国的态度也开始不恭敬起来。一些别有目的的匈奴人更是从中挑拨，一些国家后来便公开对汉朝使团和商队实施抢劫。汉朝使节以前出使西域时畅通无阻、耀武扬威，后来总是被打劫，心情恼怒，在回到长安后便在汉武帝刘彻面前添油加醋地描述一番，称西域各国完全不把大汉朝放在眼里，说他们联合匈奴公开抢劫，以及将汉武帝始终寻不到汗血宝马的事归结到这些西域刁民身上。

汉武帝一听，大为震怒，认为有必要给西域各国一点颜色看看。但汉朝好歹是大国，不能为了一些财物公然欺负弱小国家，所以刘彻便决定对兴风作浪的匈奴人下手，并派赵破奴为大将军征伐西域。这个赵破奴何许人也？

赵破奴本是九原郡人，曾经逃到匈奴地区，后来回归汉朝，担任骠骑将军司马。

元狩二年（公元前121年），赵破奴升任鹰击将军，随军攻打匈奴右地（今甘肃西部、祁连山一带），斩杀匈奴速吸王，俘稽且王、右千骑将以及王子、王母等三千多人，汉武帝于是封赵破奴为从骠侯。

元封三年（公元前108年），汉武帝派赵破奴率兵数万开赴匈河水，要与匈奴主力进行决战。自从漠北之战后，匈奴人早就元气大伤，无法与汉朝抗衡了，此次看到汉朝军队浩浩荡荡前来，战争还没开始就已经吓得魂飞魄散了。

其实，汉武帝派赵破奴到匈奴，与匈奴决战是假，敲山震虎——威慑西域其他小国是真。毕竟现在的匈奴已经毫无招架之力了，兴师动众去攻打西域也没有什么实际意义。而赵破奴千里迢迢来到西域各国，准备和西域大战一场，没想到根本没有仗可打，他很不甘心。于是，他计上心头，准备挑两个张狂的西域小国教训一下，被教训的对象就是楼兰和车师。

赵破奴率军来到楼兰城下，看到楼兰城门紧闭，知道楼兰害怕，便冷笑一声，令所有将士就地扎营，却不攻击。这个楼兰国国王跟在匈奴人后面在西域各国中间耀武扬威，但此时看到威风凛凛的汉朝将士，吓得面色失常。就这样，汉军驻扎了一天，到了天黑，也没有攻城，楼兰国国王很是纳闷，随后又见汉军居然拔营而去，更是糊涂了。他担心汉人是否在用什么奸计，所以立即派手下士兵尾随赵破奴的队伍，想要看看汉朝军队究竟在搞什么名堂。

赵破奴在率军离开楼兰后一直向东继续行进，而楼兰国的探子一路尾随，看到汉军没有掉头的意思，则赶紧回去报告楼兰国国王，说汉军是真的撤军了。这下子，楼兰国国王才稍稍松了一口气，他一直担心要国破家亡了，这下终于免于一场灾难了。在这之前，虽然他和匈奴单于之间商量好，一旦汉军来袭，楼兰士兵从前面迎击，匈奴人从后面夹击，将汉军围堵在中间，进而一举消灭汉军，但当汉军真的兵临城下时，他心中一点把握也没有。要知道，在当年匈奴的铁骑踏遍西域各国时，还是被汉军打败了，如今匈奴骑兵的威力早就不复存在了，如果说匈奴能打赢汉军，可能匈奴人自己都无法相信了。所以现在楼兰国国王逃过一劫，他心里的大石头才算真正落了地。

再说赵破奴离开楼兰，一直向东行进，但在走了几百里后，他悄悄命令手下将士们继续向东走，而自己则率领七百人沿着事先侦察好的一条小路一路疾驰折回楼兰，到第二天清晨的时候，已经到达楼兰城下，一举攻进城，活捉了楼兰国国王。

在攻下楼兰国后，赵破奴命令将士们稍作休息，又继续奔向车师国。

车师国国王听到楼兰被汉军攻破的消息后，不由得惊

恐万分，随即派人向匈奴求救，而匈奴早就闻风逃走了。此时汉军如猛虎下山，谁敢与之争锋？车师国国王求救不成，只好紧闭城门负隅顽抗，而赵破奴率大军将车师国王城围了个水泄不通，一声令下，汉军从四面八方开始攻城。车师国军队与汉军浴血奋战，最终还是失败了。汉军成功攻破车师国，不过车师国国王却侥幸逃脱。

赵破奴大破楼兰和车师两国的消息很快传遍了西域各国，西域各国顿时大震。之前他们都曾参与到欺负汉朝使臣的队伍中，此时，他们最害怕的是赵破奴挥师报复，所以立即纷纷派使节前去长安示好。刘彻见自己派兵震慑西域的目的已经达到，便不再追究。

到这里，刘彻想要得到大宛国汗血宝马的心愿依然未能达成，所以他在赵破奴震慑西域小国后，又将此事提上日程。

他又派使者前往大宛国，但过了很久，还是没人能将汉武帝刘彻心爱的宝马带回来，汉武帝刘彻为此很生气。他随即质问使臣，在这之前，我派你们去大宛国求宝马，你们说西域各国无视我大汉国威，现在，楼兰和车师已被赵破奴所破，其他小国也纷纷求和，你们还无法完成使命，你们还有什么理由？

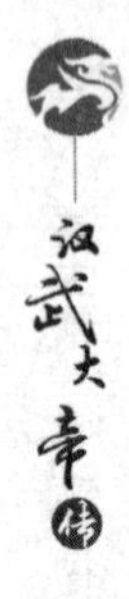

听到汉武帝动怒，使臣们害怕起来，他们便搜罗各种理由搪塞，说大宛国的良马都在贰师城，但是良马是他们的国宝，不可轻易送人，所以他们去了很多次也没有求到。

汉武帝刘彻一听，才稍微平静下来，细细一想，也可能是这个原因，既然是人家的国宝，自然不能轻易送人，这也是情理之中。既然如此，他便再次派使臣出使大宛国，还携带了大量的金银财宝，其中黄金就有千斤，以及一匹汗血宝马的金塑像。

汉武帝刘彻这次可是下了血本，也给足了诚意，让这些使臣们带着礼物出发了，他自信满满，认为这些使臣一定能为自己带回珍贵的汗血宝马，然而最后他还是失望了，大宛国国王拒绝了他。

就在大宛国拒绝使节的节骨眼上，发生了一件影响两国关系乃至让大宛国遭到灭顶之灾的大事：使臣带着被大宛国国王拒绝的礼物准备回到汉朝，但在归途中，被大宛国守将给杀了，所有使团成员全部被杀，无一幸存。

汉武帝刘彻知道这件事后，顿时勃然大怒，再加上大宛国国王拒绝送他汗血宝马，刘彻遂决定对大宛国发动军事行动。

太初元年（公元前104年），刘彻派贰师将军李广利率

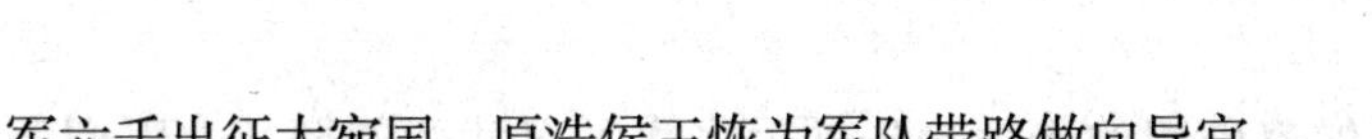

军六千出征大宛国，原浩侯王恢为军队带路做向导官。

李广利的妹妹李夫人有宠于汉武帝，生昌邑哀王。太初元年（公元前104年），以李广利为贰师将军，带领属国的六千骑兵和郡国那些品行恶劣的少年好几万人，以这些兵力去攻伐大宛国，预期到贰师城夺取良马，所以叫他“贰师将军”。

李广利与卫青、霍去病不同，虽然他也是因为裙带关系被重用，却没什么军事才能。李广利的部队经过盐水后，沿路的那些小国家恐慌，都各自紧紧地守住自己的城堡，不供给汉军粮食。能攻下来的就有饭吃，不能攻下来的，只好几天就离开。等到达郁成城，兵士只有几千人了，都饥饿疲乏。攻打郁成城，大败，死伤的人很多。

李广利和左右商议：“至郁成还不能攻下它，何况到大宛国都城呢？”就带着部队撤退。往返花了两年，回到敦煌，士兵剩下不过十分之一。派遣使者给汉武帝上奏章说：“路程遥远又十分缺乏粮食。士兵们不怕打仗，只怕挨饿。兵少，不能攻取宛国。希望暂且撤兵，多派兵后再去。”汉武帝得知所奏，大发雷霆，派使者拦守玉门关，说军人敢有入关者立即斩了他！李广利害怕了，因而留驻敦煌。

太初元年（公元前104年）夏天，汉朝对匈奴作战，浞

野侯赵破奴的士兵损失两万多人。汉武帝刘彻与大臣们商议，大臣们认为可以调回在大宛的士兵，以此来专攻匈奴士兵，而刘彻则不这么认为，在他看来，汉朝是大国，就连大宛国这样的小国都攻打不下来，现在还班师回朝去支援匈奴战线，岂不是让其他国家笑话?

现在大宛国连一匹宝马都不愿意赠送，以后其他小国岂不是更不把大汉放在眼里了？大汉就会见笑于外国，乌孙、轮台等国家也将随便难为汉朝的使者。于是，汉武帝惩处了这一批谏官。

另外，汉武帝还赦免了那些囚徒步卒，增发了那些品行恶劣的少年和边境的骑兵，经过一年多而从敦煌出兵六万，私人带着粮食跟随部队参战的还不计算在内。这支队伍带有牛十万头，马三万匹，驴、骆驼以万数计算。他们多带粮食，兵器、弓箭等极为齐备。全国动荡，相继供应征伐大宛国，军队总共有五十余校尉军官出征。

大宛国都城有个特点，城内没有可供饮用的水源，需要从城外引进。抓住这一点，汉军就派治水的工匠改道城下水，不使流经城下，而引水入孔穴之内，以水攻城内。汉朝还增派甲卒十八万人到酒泉和张掖以北驻守，并新置了居延和休屠两个县以卫护酒泉。而征发天下“七科适”，载运

干粮以供给汉军，驱车载运的人络绎相连到敦煌。而授任两名会相马的人为执驱马校尉，目的是在攻城成功之后选取良马。

这时李广利是二次出征，队伍庞大，沿途各个小国感叹大汉雄威，无不开城门迎接，还拿出储备粮给养军队。但有个叫轮台国的小国，宁死不降，于是李广利率兵攻战几天，血洗了他们。

从此往西，平安行军到达了大宛国王都，到达者三万人。宛军对抗汉军，汉军击败了他们，溃败的宛军逃到了城堡内，凭借城墙守卫，负隅顽抗。李广利率领的部队本意是先攻郁成，但恐怕滞留在城内的大宛国士兵再生祸端，于是就先攻大宛城，掘开他们的水源，改变其流向，使这些士兵陷入窘境，进而包围大宛国的城池，攻城四十多天。大宛国的外城被摧毁，大宛贵人勇将煎靡被俘。

大宛国城内的一些官员们在一起商量对策，有大臣建议："汉朝之所以挥师大宛国，是我们国王毋寡拒献良马且杀死了汉朝使者。现在，如果我们想要自保的话，只有先杀掉国王毋寡并拿出好马，如果汉朝还是要置我们于死地，到时候再奋战而死，也为时不晚。"大宛国的这些大臣都同意这一建议，于是杀死了宛王毋寡。

他们派人提着毋寡的头去见李广利，相约说：“汉军不要攻打我们了，我们把好马全部拿出来，任凭你们选取，并且供给你们粮食。如若不听从，我们杀尽好马，而康居的救兵将要到达。彼时，我宛兵在城内，康居的救兵在城外，共同和汉军作战。汉军仔细考虑吧，怎么办？”那时康居侦察到汉军还很强大，不敢进兵。

贰师将军听说大宛国城内最近找到了汉人，会打井汲水，而且城内粮食还多。考虑到汉军之所以来，就是为诛灭罪魁祸首宛王毋寡，如今毋寡的头已经得到了，这样还不解开兵围，那么他们就会坚守，而康居等到汉军疲乏时来援救大宛，那打败汉军是必然的了。

军官们都认为这一想法对，就接受了大宛的许诺。大宛人遂将城中的良马全部放出来，让汉人随意挑选，还拿出许多粮食供养汉军。汉军挑选了好马几十匹，中等以下的公马、母马共三千多匹，而且立大宛大臣昧蔡为大宛国国王。昧蔡一直与汉人交好，汉军与他订立盟约后撤兵。终于，汉军没有进入大宛内城，就结束战争撤兵回国了。

当初，李广利发兵敦煌西进时，认为人多，沿路各国无法供给粮食，就分为几支队伍，从南北两路挺进。校尉王申生和原大鸿胪壶充国等统领一支一千多人的队伍另到郁成，

郁成人坚守城堡，不肯把粮食供给他们。王申生的部队距离李广利的大部队二百里，他依仗大军而轻视对方，急攻郁成。郁成人窥探得知王申生的部队少，就在一个早晨用三千人的兵力发起攻击，斩杀了王申生等人。汉军大败，只有几个人脱险逃出，跑到李广利那里。

贰师将军命令治粟都尉上宫桀去攻打郁成，郁成投降，郁成王逃到康居国，上官桀就追到康居国。康居国人听说汉军已经打败大宛，就交出郁成王给上官桀。上官桀派四个骑士把他捆绑看守押送给主将李广利。

这四个人商议：“郁成王是汉朝所痛恨的，如果把他活着送去，怕突然发生意外，贻误大事。”想杀，没有人敢先动手。上邽骑士赵弟拔剑斫击，斩了郁成王。上官桀等就赶上了李广利的大部队。

李广利第二次出兵，汉武帝派遣使者通告乌孙国，要其出兵与汉军合力攻宛。乌孙派遣两千名骑兵前往，徘徊观望，不敢上前。

贰师将军的队伍凯旋东归，所经过的那些小国听说大宛已被攻破，都打发自己的子弟跟随汉军去纳献贡物，谒见天子，因而作为人质。

军队返回，进入玉门关的有一万多人，军马一千多匹。

李广利后一次行军，军队并不缺乏食用，作战牺牲的也不能算多，但将吏们贪财，大都不爱护士兵，侵吞军饷，因此士兵死亡很多。因为是远涉万里征讨大宛，天子就不责问他们的过失，下诏说："匈奴为害很久了，如今虽远徙漠北，与旁国共谋截击大月氏国使臣，拦杀中郎将江及原雁门太守攘。危须国以西及大宛皆合约杀期门车令、中郎将朝及身毒国使，隔断东西道路。贰师将军广利征讨其罪，战胜大宛。赖天之灵，从溯河山，涉流沙，通西海，山雪不积，士大夫直接穿过，获王首级，珍怪之物都陈列于庭。封李广利为海西侯，食邑八千户。"又封斩杀郁成王的赵弟为新畤侯；军正赵始成立功最多，为光禄大夫；上官桀敢深入，为少府；李哆有计谋，为上党太守。军官中被封为九卿的有三人，诸侯相、郡守、二千石级官吏的有一百多人，一千石级官吏以下的一千多人。自愿参加者得到的赏封都超过他们本人的愿望，因犯罪受惩罚而去从军的人免罪但不计功劳。士兵们所得赏赐约值四万钱。攻伐大宛两回，总共经历四年才告终。

与此同时，退守北方的匈奴人看到有机可乘，便大举进犯汉朝边境。一时间，边境战火连天，但此时汉朝连年征战，国库早已空虚，刘彻不得不忍耐。直到四年后，当汉朝

得到了一定程度的休养生息，刘彻才发兵十万出击匈奴。

天汉二年（公元前99年），李广利受命领三万骑兵出酒泉，击右贤王于天山，得首虏万余级而还。期间李广利军队被匈奴大军围困，差点无法逃脱，汉军伤亡很大，死亡超过半数。

李广利此人并无多大才能，完全无法和卫、霍相比，但是此时的汉朝早已将星陨落。后来李夫人失宠，李广利也因立储一事而受到牵连。当时的李广利还在外征讨匈奴，知道立储一事东窗事发，害怕刘彻降罪于自己，所以希望能靠立军功将功折罪，但因求胜心切而被匈奴人抓住把柄，最后兵败投降于匈奴。

李广利投降匈奴虽换来一时的富贵，但好景不长。

有一个叫卫律的人，他本是匈奴人，但生长在汉朝，并在朝廷做官，与李广利兄弟交情颇好，因此李延年曾在汉武帝面前举荐卫律出使匈奴。李延年因李季之事伏法，卫律怕被株连，便投降匈奴。卫律见李广利投降在自己之后，而受到的尊宠却在自己之上，心生嫉妒，欲加害李广利。

李广利投降一年多后，卫律趁单于母亲生病，买通巫师，让巫师谎称病因是由于去世的单于在发怒。因去世的单于过去出兵攻伐汉时，曾发誓一定要捉住贰师将军李广利用

来祭神。而今李广利已在匈奴，为何不杀了祭神？先单于正发怒责问此事。单于对巫师的话信以为真，便将李广利杀掉，用以祭神。李广利原以为屈膝投降可以换一条命，屈辱偷生，苟安于世，结果却遭到如此可悲可耻的下场。李广利临被杀时，怒骂道：“我死必灭匈奴！”李广利死后，匈奴接连数月雨雪不断，家畜死亡，百姓疫病不断，种植的黍稷也无法丰收。单于害怕了，于是为李广利立了祭祀用的祠堂以慰亡灵。

巫蛊之祸

征和元年（公元前92年），此时的汉武帝刘彻已经65岁了，可谓是老眼昏花，甚至人也开始糊涂了。

这年冬天比较寒冷，一天，汉武帝刘彻正在建章宫闲居，恍惚中，看到一名大汉手持一剑，向他刺来，刘彻大吃一惊，赶忙呼叫侍卫护驾，嚷着要捉拿刺客。

可是侍卫将整个皇宫翻了个遍，都没有看到刺客的身影。大家都觉得事情有些蹊跷，要知道，这些侍卫都是年轻力壮、武艺高强的小伙子，眼神比刘彻要好，大家都没有看见刺客行刺，但刘彻认准了有刺客，没办法，他们只能继续搜查，甚至将搜查范围扩大到了整个长安城。一时间，整个长安城人心惶惶，百姓大气都不敢出。

因为抓不到刺客，这件事最后还是不了了之，不过汉武帝刘彻却并没有罢休，他认为这是侍卫的失职，竟然让这些刺客在皇宫内自由进出，于是，毫不犹豫地下令斩杀了守

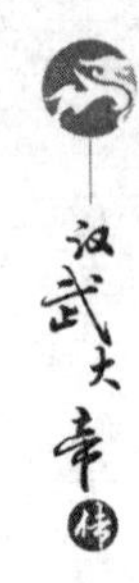

门官。

接下来，又发生了另外一件事。这件事要从公孙贺说起。公孙贺是皇后卫子夫的姐夫，他的妻子叫卫君孺。公孙贺这个人曾于元光五年（公元前130年）和卫青、李广利以及公孙敖三人率一万骑兵攻击匈奴。在那次战役中，卫青一战成名，而公孙贺则率军在草原上始终未能找到匈奴主力，最终返回长安。

话说，公孙贺当上汉朝丞相还是经历了一番波折，因为在这之前，汉武帝刘彻曾杀了好几个宰相。可能以前很多大臣做梦都想当上丞相，但是到了汉武帝时期，这一官位似乎自带某种魔咒，谁也不敢去接，公孙贺也是如此。所以当刘彻原本将相位授予公孙贺时，公孙贺死活都不要，而且还当着朝中其他大臣的面大哭一场，但最后因为刘彻坚持，他还是不得不接受皇命。就这样，公孙贺当了丞相，不过最后他还是没能躲过一劫，接下来发生的一件事，直接要了公孙贺的性命。

卫子夫在得宠后，卫家成为长安的名门望族，而公孙贺因为裙带关系也得到了重用。当年，他之所以能和卫青等三人一起参加到对匈奴的作战中，也有这个原因。

公孙贺一开始登上相位，因为有“之前的丞相皆被杀”

的厄运，他也是小心翼翼、战战兢兢，对于刘彻交代的事，无不认认真真去做，生怕惹了刘彻不高兴而掉了脑袋，所以两年下来，倒也相安无事，还得了刘彻的赏识。渐渐地，公孙贺的胆子越来越大了，对刘彻的恐惧心理也没有那么强了。

公孙贺很疼爱他的儿子，他的儿子叫公孙敬声，在太初二年由侍中直升为九卿的太仆，父子同居公卿之位。公孙敬声仗恃自己是卫皇后的外甥，骄纵奢侈，不守法令。而他的父亲公孙贺因为坐稳了丞相的位子，对公孙敬声的行为也是睁一只眼闭一只眼，这让公孙敬声更加肆无忌惮了。

公孙敬声生活十分奢靡，因为钱财不够用，他想到了与人借，最后实在借不到，便想到了挪用军队粮饷。他有一套自己的套钱方法，按照他的方法，他挪用了一千九百万钱。无论在哪个朝代，挪用公款的性质都是十分恶劣的，结果也十分严重。很快，公孙敬声的行径就被人告发了，被告发之后，公孙敬声很理所当然地被下了狱。公孙敬声是公孙贺的软肋，公孙敬声被告发，公孙贺自然心急如焚，四处想办法为儿子周旋。但他也知道，挪用军队粮饷可是掉脑袋的大罪，必须要拿出一个有用的办法救儿子一命，思来想去，他想到了一件事：

当时汉朝朝廷正在通缉一个叫朱安世的人。朱安世，西汉汉武帝时期人，生卒年不详，人称阳陵大侠。侠，是“以武犯禁”，即用暴力触犯律例的意思。朱安世犯法被汉武帝下诏通缉，公孙贺正是利用这一点，前来告诉汉武帝刘彻，称自己可以在一定期限内抓捕朱安世，但希望刘彻能宽宏大量，饶了自己的儿子一命。公孙贺身为臣子，自己的儿子犯了罪，竟然敢与帝王讨价还价，可见他为了自己的儿子几乎失去了理智。但奇怪的是，汉武帝刘彻竟然想也没想就答应了。

就这样，公孙贺从刘彻那里拿到了为儿子赎罪的机会。当然，公孙贺能提出这样的建议，前提是早就有所准备，对于朱安世的行踪也早就了如指掌了。果不其然，这个叫朱安世的游侠很快就被抓捕归案了。

公孙贺抓捕朱安世是为了救自己儿子一命，但他没想到，这成了自己不幸的开端。为什么这么说呢？这要从朱安世的身份开始说起。他是一名游侠，在古代，游侠就相当于现代社会的黑社会，这类人心狠手辣、信口雌黄，且报复心强。这个朱安世在被抓捕入狱后，很快就打听到了自己被抓的原因，于是，他暗暗生起了要报复公孙贺的心思。

接下来，朱安世果然对公孙贺实施了报复。那么，他是怎么做的呢？

朱安世笑曰："丞相祸及宗矣。南山之竹不足受我辞，斜谷之木不足为我械。"（意思是：丞相把祸事引到自己家族里了，终南山的竹子写不尽我要告发的罪状，斜谷里的树木也不够制作被牵连的人所用的桎梏。）于是他在狱中上书，声称公孙敬声与武帝女儿阳石公主私通，且在皇帝专用驰道上埋藏木人以诅咒皇帝等。当时正在病中的武帝大怒，下令追查。

巫蛊，指用巫术毒害别人，它通常与"祝诅""媚道"联系在一起。其方法多种多样，从对着人背后吐唾沫（馆陶公主诬陷栗姬"祝唾其背，挟邪媚道"）到建造神祠向邪神献祭诅咒（武帝陈皇后指使女巫"祠祭祝诅"），甚至是斩断婴儿四肢施展邪术（某诸侯王的孙女：妻宣君，故成王孙，嫉妒，绞杀侍婢四十余人，盗断妇人初产子臂膝以为媚道），诸如此类。

汉武帝刘彻最讨厌巫蛊之术，在看到朱安世告发的奏章后，立即派人着手去调查，而调查的结果竟然和朱安世所说几乎吻合。此时，刘彻更是大为恼怒了，他将一干人等全部严厉处置，比如，将公孙贺父子在牢中折磨致死，杀了卫青长子卫伉。卫子夫的两个女儿——阳石公主和猪邑公主也奉

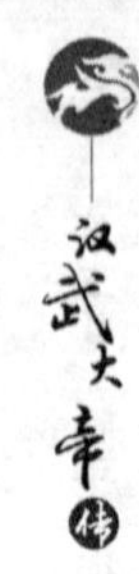

诏自尽。

这件事在整个长安城内引起轩然大波。因为涉事者都与皇后卫子夫有关系，所以，卫氏家族衰落下去。

与此同时，由行刺大案引发的一场骨肉相残的大戏也开始上演。

当年卫子夫受宠时，因为裙带关系，卫青和霍去病也成为汉朝首屈一指的最高将领，卫氏家族是整个朝堂上下无人敢得罪的名门望族。而此一时彼一时，卫子夫的地位很快被钩戈夫人取代。

太始元年（公元前96年），汉武帝刘彻北巡黄河时，有人告诉他说黄河之上有青紫云气。刘彻认为这不是一般的云气，一定有着特殊的含义，于是又找来方士推算。这一方士也是满口胡言，竟然说这一云气暗示的是大汉朝将有一位奇女子出现。

刘彻虽然讨厌巫蛊之术，但对鬼神迷信倒是颇为相信，年轻的时候倒还不明显，到了年迈时却达到了痴迷的程度，否则也不会在随行的队伍中带上方士。刘彻听到方士这么说，心情激动，随即命人去寻这位奇女子。果然，紫色云气下方的村子里找到了一位女子，这个女子姓赵，河间人，不但长得美艳绝伦，还有一双神奇的手。她的手天生双握成拳状，虽年已十多余，但依然不能伸开。武帝唤此女过来，见其双手果真是紧握成拳状。武帝伸出双手将这女子手轻轻一掰，少女的手便被分开，在手掌心里还躺着一只小玉钩。随后，武帝命人将此女扶入随行的轺车，将其带回皇宫，号为“拳夫人”。此女便是钩戈夫人赵氏。

钩戈夫人进宫后，汉武帝仿佛一下子年轻了不少。他对钩戈夫人宠爱有加，第二年，也就是太始二年（公元前95年），钩戈夫人怀胎十四个月生下了一个儿子，这就是六皇子刘弗陵，也就是后来的汉昭帝。

在生下第六个儿子的这一年，刘彻已经六十二岁了，这样高龄还能生儿子，这在古代帝王中比较少见。刘彻晚年得子，对钩戈夫人母子自然宠爱至极，又因刘弗陵在钩戈夫人胎中足足待了十四个月才出世，这也是罕事，在历史上似乎只有尧帝如此，刘彻心里认为刘弗陵定有天命在身，日后也定是一位先贤大德。于是，他便封钩戈夫人居住的宫门为尧母门，足可见刘彻对刘弗陵母子的看重。

在刘弗陵出生后三年，便发生了我们之前说的刺杀大案。这件事之后，刘彻不但逼死了公孙贺父子，就连他自己的两个女儿和卫青的长子卫伉也被牵连丧命，而皇后卫子夫和太子刘据，也是领教了汉武帝刘彻的毒辣手段，感到心惊

胆战。

钩弋夫人的得宠和皇后卫子夫的失宠也让后宫乃至朝廷都看到朝堂上下的风云变化，如果事情继续这样发展下去，大汉朝可能要“变天”……一想到这里，大家的心情十分复杂。果然，接下来便发生了一系列大事。

最初在卫子夫得宠的时候，朝中有很多人和太子相合，与太子接近，也有一些刁钻的圆滑之人，却对太子刘据百般诋毁。与太子走得近的人性格与他也极为相似，大多宽厚仁慈、性格懦弱，而他的那些敌人就不同了，他们不但在言语上诋毁太子，更是付诸了行动，其中就有苏文和江充二人。

一天，刘据去看自己的母亲卫子夫，因为母子二人有些时日未曾见面，见面便多聊了会儿，转眼看到太阳下山，刘彻才起身告辞，而此事却被苏文看在眼里。苏文是黄门的一位太监，他向汉武帝报告说：“太子调戏宫女。”于是汉武帝将太子宫中的宫女增加到二百人。后来太子知道了这件事，便对苏文怀恨。

苏文与小黄门常融、王弼等经常暗中寻找太子的过失，再去添油加醋地向汉武帝报告。对此，皇后恨得咬牙切齿，让太子禀明皇上杀死苏文等人。太子却十分信任自己的父亲，说："只要我不做错事，又何必怕苏文等人！皇上圣明，不会相信邪恶谗言，用不着忧虑。"有一次，汉武帝感到身体有点不舒服，派常融去召太子。常融回来后对汉武帝言道："太子面带喜色。"汉武帝默然无语。及至太子来到，汉武帝观其神色，见他脸上有泪痕，却强装有说有笑，汉武帝感到很奇怪，再暗中查问，才得知事情真相，于是将常融处死。皇后自己也小心防备，远避嫌疑，所以尽管已年老失宠，却仍能使汉武帝以礼相待。

除了苏文挑拨太子刘据和汉武帝刘彻的关系，我们再来看看江充这个人。江充本名江齐，字次倩，西汉赵国邯郸（今河北邯郸）人，通晓医术。因其妹善操琴歌舞，嫁与赵太子刘丹，江齐才得以成为赵王刘彭祖的座上宾。后来刘丹怀疑他将自己的隐私告诉了赵王，二人遂交恶。因为江齐知道的事太多，刘丹使吏收捕他，竟然让他逃脱。刘丹便将其父兄抓来杀害了。

江齐仓皇逃入长安，更名江充，向朝廷告发刘丹与同胞姐姐及父王嫔妃通奸，并与豪强狼狈为奸，恣意为害。汉武帝刘彻览奏大怒，下令包围了赵王宫，搜捕赵太子丹，移入魏郡诏底狱严治，并判其死罪。

刘彭祖是汉武帝的异母兄，为了救儿子一命，遂上书

称："江充是个受缉捕而逃亡的小臣，现在随便要弄奸诈，让圣上气恼，想借您的威严以报私怨，后果终难逃烹醢之刑，还是不知悔悟。我愿意精选赵国的勇猛之士，前去从军，抗击匈奴，为朝廷效力，以此赎刘丹的罪。"武帝虽赦其死罪，而太子地位却被废了。

当初，汉武帝在犬台宫召见江充，江充请求以平常的穿戴叩见，汉武帝同意了。江充身穿丝织禅衣，服饰有些许妇人意味，丝帽上鸟羽作缨，走动时摇冠飞缨。兼之身材魁梧伟岸，容貌气派，汉武帝望见就感到他与众不同，对左右人说："燕赵真是奇士很多啊！"待江充上前，与他一番谈论后，汉武帝大为高兴。

江充请求出使匈奴。汉武帝问他有何打算，回答是"出使应因变制宜，以敌为师，事情不好预先打算。"汉武帝任命他为谒者，出使匈奴归来后，就拜为直指绣衣使者，督捕三辅境内的盗贼，监察豪贵们的越礼过分行为。

当时贵戚近臣中很多人骄奢僭越，江充一一举报弹劾，还奏请没收这些人的车马，让他们到北军营待命抗击匈奴。

汉武帝准奏后，江充即刻传文给光禄勋中黄门，对那些该去北军营待命的近臣侍中，告知门卫，无令就禁止出入宫廷。于是贵戚子弟惶恐起来，都到皇帝那里叩头哀求，表示情愿出钱赎罪。汉武帝答允，令他们各自按俸禄地位到北军交钱，这次朝廷共得数千万钱。汉武帝觉得江充忠直，奉法不阿，言语也合心意。

江充外出，碰上馆陶公主等人在驰道上坐车行走，就喝问为何如此放肆。馆陶公主说：“是太后的诏命。”江充说：“只有公主可以，随从车骑都不行。”便把随从处罪，车马没收。

江充陪随皇帝前往甘泉宫，正巧遇上皇太子刘据的家臣坐着车马在驰道上行走，于是将他们抓了交官处置。刘据得知，派人向江充求情说：“我并非舍不得车马，只是不想让陛下知道了怪我平日不管教左右。希望您宽恕一次。”江充不理睬，径直上奏。汉武帝说：“作为人臣应当如此！”对他更加信任。江充真是威震京师。他担任水衡都尉，亲族好友沾光的不少。

后来汉武帝在甘泉宫生病，江充见汉武帝年老，担心其驾崩后自己被刘据杀掉，因此设下奸计，上奏说汉武帝生病是由巫蛊作祟引起。汉武帝让江充负责审查此事，江充于是指使胡人巫师到处挖掘，搜寻地下埋的偶人，又抓捕夜间祷祝和自称能见到鬼的人，还让人在一些地方泼上血，假造祷祝现场，搜捕那些被指控的嫌疑者，施加铁钳烧灼的刑法，

强迫他们认罪。一时间风声鹤唳，人们互相诬指，各级官吏动辄判人大逆不道之罪，牵连受害的前后有数万人。

这时，汉武帝年事已高，疑心左右之人都在用巫术诅咒他。到底有没有？没人敢为受冤者辩罪。江充揣摩汉武帝心意，便进谗言说宫中有邪气，定是有一些邪祟作怪，现在全国的木头小人之类的东西已经被清除，就剩下后宫娘娘们的住处了。

刘彻一听，顿时就明白了，于是，随即下令让江充带人挖掘。而此时的江充得到了刘彻的授权，也是胆大包天，真的开始搜查后宫了。他先故意从那些失宠的娘娘嫔妃开始搜，当这些娘娘被查完，就剩下皇后卫子夫和太子刘据的寝宫了。于是接下来，江充一行人将目标锁定在了这两个地方。虽然搜查皇后寝宫多有冒犯，但他借着汉武帝刘彻的名头，可以大摇大摆进出，且肆意搜查。

而此时的卫子夫和刘据，因为问心无愧，便任由江充搜查，但让他们万万没想到的是，竟然在太子的寝宫内搜出了各种巫蛊物件，比如木头小人、帛书等，而且数量还不少。这样，江充的目的算是达到了。太子目瞪口呆，但他稍微一想，就知道这是构陷。

汉武帝刘彻最讨厌的就是巫蛊之术，最讨厌被人诅咒。

这是所有帝王的通病，对于权力，没有人抗拒，他们都希望自己能长命百岁，甚至长生不老，以此更长久地睥睨天下。而此时，距离上一次巫蛊事件才过去一年多，刘彻当时的残酷，现在想来还让皇后卫子夫和太子刘据心生寒意。而现在，太子的寝宫搜出这么多的“证据”，一旦这些构陷的罪名成立，他们将死无葬身之地。为此，太子刘据立即去找他的老师石德问计。

石德给出的建议很直接，那就是绝不能坐以待毙，被汉武帝治罪，于是对太子说：“在这之前丞相父子、两位公主以及卫氏一家都被此事牵连治罪，现在胡巫和来调查此事的官员掘开地面找到了证据，不知道是胡巫故意放在那里的，还是真的就有，我们自己无法明辨，可以伪称诏令用符节把江充等人收捕入狱，把他们的奸诈阴谋追查清楚。再说皇帝正在甘泉宫养病，皇后以及太子的属吏去请安问候都得不到回复，皇帝的生死存亡都不得而知，而现在奸臣干出这种事，太子您难道不记得秦朝太子扶苏被害的事吗？”刘据十分着急却无上策，便采纳了石德的意见。

的确很明显，他们是被人构陷的，而构陷的目的也很简单，就是太子的储君之位。眼下，江充已经派人将所谓的证据送往刘彻的甘泉宫，一旦那些证据被刘彻看到，那么，后

果是十分严重的。最近几年，皇后卫子夫已失宠，和刘彻的夫妻关系并不是太好，刘据虽然想要面见刘彻说明真相，但无奈一点机会也没有。

这样的情况下，刘据只有求救于自己的母亲卫子夫了。刘据生性仁慈宽厚又胆小懦弱，遇到事情没有主见，但卫子夫就不同了。她从汉武帝刘彻亲政开始就当皇后，在皇后的位置上几十年，什么大风大浪没有见过？她知道现在是危急关头，已经不能瞻前顾后了，她建议刘据立即诛杀江充，等日后有机会的时候再去向刘彻解释。

就这样，刘据便征调侍卫前去抓捕江充等人。江充一行人完全没想到太子竟然如此胆大，敢直接对自己下手，一时间没有防备，被刘据的人逮了个正着。其中，韩说因反抗当场被杀，江充被带走，苏文和章赣侥幸逃脱。

抓到江充后，刘据便要发泄心中的怒气。这个江充简直是个十恶不赦的小人，必须要严惩。就这样，江充被刘据杀了，但杀了江充之后，刘据并没有从他身上找到什么有利于自己的证据。不过在斩杀了江充之后，以防万一，刘据便假传圣旨到各营去调兵。

再说逃跑的苏文和章赣，他们知道太子刘据此时是狗急跳墙了，怕是什么事都有可能会做出来，所以他们赶紧跑去甘泉宫，直接面见刘彻，称太子刘据此时已经杀死了江充，正在准备起兵造反。

一开始，刘彻并不相信他们的话，因为他对自己的这个儿子刘据还是比较了解的，他性格懦弱，从小就没主见，不可能干出这样大逆不道的事。于是，他又派人前去查探，但探子早就被苏文买通了，他们根本没去调查，更没有找太子刘据，而是在甘泉宫外面转悠了一圈就回来了。他们告诉刘彻，太子刘据确实在起兵造反。

这下，刘彻是真的怒了。恰逢此时，丞相刘屈牦派人送来急报，说太子反了，向汉武帝刘彻请示如何是好，刘彻对太子失望至极，决定要斩杀太子一党。就这样，刘屈牦带领刘彻的亲笔诏书，去各营调兵平反。

反叛之罪已经坐实的太子刘据，因不知武帝是否在世，便决定起兵。因太子能指挥到的车马有限，所以刘据派舍人持节连夜入长秋门将自己的计划报告给卫皇后。皇后支持后，发动了中宫的中厩车马，取武库兵器，调长乐宫卫队，告令百官江充谋反。太子亲自监斩江充，骂道："赵国的奴才！扰乱你的国王父子还嫌不够吗？又来扰乱我们父子！"又在上林苑中烧死一众胡人巫师。苏文逃出长安，来到甘泉宫，向汉武帝报告说太子很不像话。汉武帝说道：

“太子肯定是害怕了，又愤恨江充等人，所以发生这样的变故。”因而派使臣召太子前来。使者却因胆怯未敢入城，对武帝谎称太子造反要杀自己。武帝大怒，由是深信太子已反。

在此之前，左丞相刘屈牦因与李广利是亲家，与太子争斗。刘据便带领门下宾客，率领卫队攻入丞相府，想杀了刘屈牦。刘屈牦闻风逃跑，期间丢了官印及绶带。他乘车赶到甘泉宫，将此事上报于武帝。

武帝问丞相刘屈牦在做什么，使者回答说丞相在封锁消息，没敢发兵。武帝愤怒刘屈牦的作为，并谴责刘屈牦没有周公的遗风。随后赐予刘屈牦加盖了玺印的诏书：“捕杀叛逆者，朕自会赏罚分明。应用牛车作为掩护，不要和叛逆者短兵相接，杀伤过多兵卒！紧守城门，决不能让叛军冲出长安城！”

如扶苏当年面对赵高手中伪书的情势一般，刘据面对刘屈牦手中这道不知真假却要置自己于死地的皇帝玺书，向文武百官发出号令：“皇上因病困居甘泉宫，我怀疑可能发生了变故，奸臣们想乘机叛乱。”汉武帝于是从甘泉宫返回，来到长安城西建章宫，率先掌控兵权，颁布诏书征调三辅附近各县的军队，二千石以下官员归刘屈牦兼职统辖。刘据手

中并无正规军队，三辅军队又调遣不得，太子便派使者假传圣旨，将关在长安中都官的囚徒赦免放出，命少傅石德及门客张光等分别统辖；又派长安囚徒如侯持符节征发长水和宣曲两地的胡人骑兵，一律全副武装前来会合。

不约而同，武帝亦想到了由长水校尉统领的长水宣曲胡兵，便派遣侍郎莽通到长安。莽通便将如侯逮捕，并告诉胡人："如侯带来的符节是假的，不能听他调遣！"并斩杀如侯，亲自引长水、宣曲胡骑入长安。武帝又征发船兵，一并交由大鸿胪商丘成。太子调兵以失败告终。

而后，刘据来到北军军营南门之外，站在车上，将护北军使者任安召出，颁与符节，命令任安发兵。但任安拜受符节后，却返回营中，闭门不出。太子调兵再次失败。

太子带着卫队和囚徒离去，将长安四市之人约数万临时武装起来。到长乐宫西门外，正遇到刘屈牦率领的军队，双方会战五天，死亡数万人，鲜血像河一样流入街边的水沟。民间都说"太子谋反"，所以人们不依附太子，而丞相一边的兵力不断增多。

七月庚寅日，刘据兵败，南逃到长安城覆盎门。司直田仁正率兵把守城门，因觉得太子与武帝是父子关系，不愿逼迫太子，所以太子得以逃出城外。

刘据出逃后，武帝责问御史大夫暴胜之擅自阻止丞相斩杀释放太子出城的田仁，暴胜之因惶恐而自杀。任安因怀二心，与田仁同被腰斩。莽通捕获反将如侯，长安男子景通抓获太子少傅石德，二人功劳最大，分别被封为重合侯与德侯，商丘成力战获反将张光，封为秺侯。太子的众门客，曾经出入宫门的一律处死；凡是跟随太子发兵的，一律按谋反罪灭族；官吏和士兵有趁乱抢劫的，全部流放到敦煌郡。因太子逃亡在外，所以开始在长安各城门设置屯守军队。

一连串的诛罚使得群臣忧心惧怕，不知如何是好。而只有一人为太子求情，此人名叫令狐茂。壶关三老令狐茂上《讼太子冤书》于武帝，说："我听说父亲就好比是天，母亲就好比是地，儿子就好比是天地间的万物，所以只有上天平静，大地安然，万物才能茂盛；只有父慈母爱，儿子才能孝顺。如今太子原本应该是汉朝的储君，将会继承祖制，执行祖宗的重托，论关系又是皇上的嫡长子。而江充本为一介平民，不过是市井无赖，陛下却对他颇为重用，让他挟至尊之命来迫害皇太子，纠集一批奸邪小人，对皇太子进行欺诈栽赃、逼迫陷害，离间皇上与太子的父子关系。太子进则不能面见皇上，退又遭到这些乱臣贼子的陷害，独自蒙冤，无处申诉，忍不住愤恨的心情，起而杀死江充，却又害怕皇上降罪，被迫逃亡。太子作为陛下的儿子，盗用父亲的军队，不过是为了救难，使自己免遭别人的陷害罢了，臣认为并非有什么险恶的用心。《诗经》上说：‘绿蝇往来落篱笆，谦谦君子不信谗。否则谗言无休止，天下必然出大乱。’以往，江充曾以谗言害死赵太子，天下人没有不知道的。如今陛下也不认真调查就过分责备太子，发雷霆之怒，征调大军追捕太子，还命丞相亲自指挥，致使智慧之人不敢进言，善辩之士难以张口，我心中实在感到痛惜。希望陛下放宽心怀，平心静气，不要苛求自己的亲人，不要对太子的错误耿耿于怀，立即结束对太子的征讨，不要让太子长期逃亡在外！我以对陛下的一片忠心，随时准备献出我短暂的性命，待罪于建章宫外。”奏章递上去，汉武帝刘彻看完后为之动容，似有醒悟之心，但也没有公开颁布赦免太子的诏书。

且说太子刘据向东逃到河南湖县后，隐藏在卖鞋的一户人家家里。这里西距潼关三十里、长安三百里，东距函谷关八十里，紧靠当时贯通关内关外的交通驿道，又隐藏在峡谷中，位置非常险要。主人家虽然善良，但是家境贫寒，经常织草鞋卖来奉养太子。太子刘据心有不忍，打算离去。后来刘据听说有一位富有的旧相识住在湖县，便派人去寻找他，却导致消息泄露。官府的人顺藤摸瓜，很快找到了刘据。八

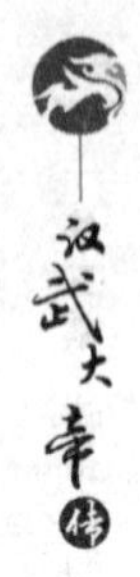

月辛亥日，地方官围捕太子。辅君三十八载的刘据不愿被陷他至此的佞臣捉拿受辱，悬梁自尽。刘据死后，他的两个儿子也被杀。与此同时，那户收留他的人家也被杀。这是一次十分血腥的围捕，围捕他的官员，最后也被封了侯。

很快，这些官员将太子刘据和他的两个儿子的尸体运送到了长安，百姓们纷纷出门观看，心情悲痛。当刘彻亲眼看到自己儿孙的尸体后，心中一阵难受，突然间似乎意识到了什么，便派人去调查事情的前因后果。经过调查，事情水落石出，原来自己的儿子果然是被冤死的，而那些将刘据置于死地的人，现在竟然加官晋爵。想到这里，刘彻心中痛楚万分。

然而，即使后悔也无用了，事情已经发生了，一切都太晚了。现在能做的，也只有替儿孙们报复那些伤害他们的人。巫蛊之祸真相大白，刘彻心中固然很悲伤，但更难掩的是愤怒，他感受到了前所未有的愤怒和羞辱。随后，刘彻立即下令，先是诛灭江充三族，又将黄门宦官苏文活活烧死在黄门外的桥柱上，只要是曾经参与到谋害刘据全家的一干人，无一幸免，全部被汉武帝刘彻诛杀。

功劳最大的莽通被处死，曾在泉鸠里对太子兵刃相加的人，最初被任命为北地太守，后来也被灭族。因与太子战而

封侯的商丘成、张富昌和李寿分别自杀、被贼人杀及被武帝诛杀。诬陷太子的李广利与刘屈牦皆被灭族。

汉武帝晚年丧子，怜惜刘据无辜遭害，修建思子宫以寄哀思，又在湖县修建了一座归来望思之台，望而思之，期魂来归。天下人听说这件事后，都很悲伤。

轮台罪己诏

巫蛊之祸真相大白后，刘彻虽然怀着愤怒的心情将曾经残害太子的人全部诛杀，但他依然难以抑制内心郁闷的心情，经常沉默不言、精神恍惚，更是夜不能寐、寝食难安。

就这样，太子死后半年中，刘彻经常反思自己继位以来的种种事件，比如：建明堂，大搞顶礼膜拜；允许以钱赎罪，吏治腐败；官场上裙带关系严重，吏治腐败；穷兵黩武，发动多次战争，劳民伤财；赋税严重，百姓苦不堪言，又耗费巨大的财力、物力、人力为自己建造陵墓；最后又迷恋神仙方术，寻求长生不老之秘方，更是因巫蛊之祸牵连太子、皇后，导致皇后卫子夫自缢，太子刘据全家惨死……

反思种种，心中百感交集、五味杂陈。他时常会想起太子刘据，从他小时候的模样开始想起，再到长大后他的政见。刘据素来反对用兵，反对酷刑，当时他对此很反感，认为太子懦弱无用，现在想起来，方知自己才是错得离谱。但

是很多事为时已晚，儿孙们不可能再活过来，因自己而死去的士兵将士们不可能重返家园。但是他毕竟是帝王，纵有万般不是，也不可能将儿女情长写在脸上。

汉武帝刘彻扪心自问，自登基以来，他做了很多对的事，但错的事也不少，其中最错的就是让自己的儿孙冤死。此时的他心灰意冷，已经没有什么大志。征和四年（公元前89年），刘彻在轮台亲自耕种，并颁布了一道自我反省的诏书，这道诏书就是著名的《轮台罪己诏》，诏书内容是：

前有司奏，欲益民赋三十助边用，是重困老弱孤独也。而今又请遣卒田轮台。轮台西于车师千余里，前开陵侯击车师时，危须、尉犁、楼兰六国子弟在京师者皆先归，发畜食迎汉军，又自发兵，凡数万人，王各自将，共围车师，降其王。诸国兵便罢，力不能复至道上食汉军。汉军破城，食至多，然士自载不足以竟师，强者尽食畜产，羸者道死数千人。朕发酒泉驴、橐驼负食，出玉门迎军。吏卒起张掖，不甚远，然尚厮留其众。曩者，朕之不明，以军候弘上书言："匈奴缚马前后足，置城下，驰言'秦人，我匄若马'。"又汉使者久留不还，故兴遣贰师将军，欲以为使者威重也。古者卿大夫与谋，参以蓍龟，不吉不行。乃者以缚马书遍视丞相、御史、二千石、诸大夫、郎为文学者，乃至郡属国都

尉成忠、赵破奴等，皆以“虏自缚其马，不祥甚哉！”或以为“欲以见强，夫不足者视人有余”。《易》之卦得大过，爻在九五，匈奴困败。公军方士、太史治星望气，及太卜龟蓍，皆以为吉，匈奴必破，时不可再得也。又曰：“北伐行将，于鬴山必克。”卦诸将，贰师最吉。故朕亲发贰师下鬴山，诏之必毋深入。今计谋、卦兆皆反缪。重合侯得虏候者，乃言：“闻汉军当来，匈奴使巫埋羊牛所出诸道及水上以诅军。单于遗天子马裘，常使巫祝之。缚马者，诅军事也。”又卜“汉军一将不吉”。匈奴常言：“汉极大，然不能饥渴，失一狼，走千羊。”

乃者贰师败，军士死略离散，悲痛常在朕心。今请远田轮台，欲起亭隧，是扰劳天下，非所以优民也。今朕不忍闻。大鸿胪等又议，欲募囚徒送匈奴使者，明封侯之赏以报忿，五伯所弗能为也。且匈奴得汉降者，常提掖搜索，问以所闻。今边塞未正，阑出不禁，鄣候长吏使卒猎兽，以皮肉为利，卒苦而烽火乏，失亦上集不得，后降者来，若捕生口虏，乃知之。当今务在禁苛暴，止擅赋，力本农，修马复令，以补缺，毋乏武备而已。郡国二千石各上进畜马方略补边状，与计对。

这一诏书的意思是：

前些时，有关部门奏请要增加赋税，每个百姓多缴三十

钱，用来增加边防费用，这样做会明显加重老弱孤独者的负担。如今又奏请派兵到轮台去屯田。轮台在车师（今新疆吐鲁番西北）以西一千余里，上次开陵侯攻打车师时，虽然取得了胜利，迫使车师国国王归降，但因路途遥远，粮草缺乏，死于路上的就有数千人，更何况轮台还要往西呢！

过去是朕一时糊涂，仅凭一个名叫弘的军候上书说："匈奴人捆住马的四蹄，扔到城下，说要送马给我汉朝"，再加上匈奴长期扣留汉使不让回朝，所以才派贰师将军李广利兴兵征讨，为的是维护汉使的威严。古时候，卿大夫提出的倡议，都要先求神问卜，得不到吉兆是不能施行的。因此，贰师将军这次出征前，朕曾普遍地征询朝廷诸位大臣和某些地方长官的意见，他们都认为"匈奴人捆缚自己的战马，是最大的不祥"，或者认为"匈奴人是向我国显示强大，而实际上他们的力量并不充足，只不过是故意向人显示自己力量有余而已"。那些负责求神问卜的方士和星象家们也都认为"是吉兆，匈奴必败，机不可失"。又说："遣将北伐，至山必胜。卦辞显示，诸将中，以派贰师将军前去最为合适。"所以朕才派遣李广利率兵出征，并告诫他务必不要深入匈奴腹地。可谁承想，那些计谋和卦辞全都与事实相反。后来抓到的匈奴人说："匈奴人捆缚战马，是为了对汉军进行诅咒。"

匈奴人常说："汉虽强大，但汉人不耐饥渴，匈奴放出一只狼，汉军就要损失千只羊。"等到李广利兵败，将士们或战死，或被俘，或四散逃亡，这一切都使朕悲痛难忘。如今又奏请派人远赴轮台屯垦，还要修筑堡垒哨所，这是劳民伤财的建议，朕不忍听！负责民族事务的大鸿胪还建议招募囚犯护送匈奴使者回国，以封侯作为奖赏，让他们刺杀匈奴单于，以发泄我们的怨愤。这种见不得人的事连春秋五霸都耻于去做，更何况我们大汉王朝呢！况且匈奴对投降他们的汉人要全身严密搜查，怎么可能行刺匈奴单于呢！当今最重要的任务，在于严禁各级官吏对百姓苛刻暴虐，废止擅自增加赋税的法令，鼓励百姓致力于农业生产，恢复为国家养马者免其徭役赋税的法令，用来补充战马损失的缺额，不使国家军备削弱。各郡、国二千石官员都要制定本地繁育马匹和补充边境物资的计划，在年终呈送全年公务报告时一并报送朝廷。

这是一道自我反省罪过的诏书。汉武帝重启汉初"黄老"思想，无为而治，与民休息。这也是中国历史上第一份内容丰富、保存完整的"罪己诏"。在《轮台罪己诏》颁布以后，汉武帝刘彻按照自己所说的那样变更政策，后来又听取大鸿胪田千秋的建议，遣散了宫中的那些神仙方士，以免巫蛊之祸重新上演。

五柞宫托孤

巫蛊之祸后，汉武帝刘彻经常思念太子刘据，但是刘据已死，且太子的位置已经空出来四年多，立太子是必须要面对的事。到了后元元年（公元前88年），钩戈夫人的儿子皇六子刘弗陵已经四岁了，憨厚可爱。刘彻想到了立刘弗陵为太子，但迟迟没有下决心。

他所担忧的是吕后专权再次上演。当时皇子几乎被屠戮殆尽，汉室江山差点姓吕。而现在，刘弗陵年纪还小，一旦继位，必定由其母辅佐，这样的事万一再发生，怕又是血流成河的悲剧。

刘彻这一问题思考了很久，但是他的身体已经不允许他再多进行思考了，所以他决心早日将这事敲定。不过，要保证刘弗陵顺利继位且日后坐稳江山，必须要在自己还健在的时候就为他扫除障碍。现在，刘据一脉早已凋零，无法构成威胁，剩下的就是他的其他儿子们了。

原本，汉武帝刘彻生了六个儿子，分别是太子刘据、齐怀王刘闳、燕剌王刘旦、广陵厉王刘胥、昌邑哀王刘髆以及幼子刘弗陵。

其中，刘彻的第二个儿子刘闳是王夫人所生。但是这位皇子英年早逝，在汉武帝去世之前，刘闳就与世长辞了，当时不过才十八岁。所以，刘闳自然不可能成为皇位的继承人。

到汉武帝晚年，实际上能参与储位争夺的只有四人。四人中，先说燕剌王刘旦。刘旦在四人中年纪虽大，按照常理来说最有可能继承皇位，但可惜的是，此人性情狡诈、骄狂多欲，不适合做皇帝。

在太子刘据蒙冤死后，他经常以储君的身份自居，狼子野心昭然若揭。刘旦看到刘据死后汉武帝迟迟不立新太子，心中有些急不可耐，于是上书一封，希望汉武帝能允许自己进入宫中担任宿卫一职。这是历代太子才能做的事，很明显，他是在暗示刘彻该立他为太子了。

实际上，汉武帝刘彻素来不喜欢这个儿子，看他现在竟然如此狂妄，胆大到直接索要太子位，更是怒气冲冲，直接将前来送书的人杀了。可怜刘旦的那个使者，那个在诸侯王与皇帝、儿子与父亲之间传递信息的使者，就这么糊里糊涂地送了

命。汉武帝的这一举动着实吓坏了刘旦，自此，他再也不敢提立太子了，相比于太子位和未来皇位，自己的小命更重要。最重要的一点是，他看清了父皇刘彻没有立自己为太子的意思。

此事过去不久，武帝又派人去燕国调查。很明显，皇帝的使者可不是为了提拔燕王去调查他的政绩、治绩的，而是专门去找他的错处给予惩罚的。而这位燕王阁下偏偏行为又不大检点，在调查期间，他藏匿亡命之徒，给正恼怒的父皇找到了合适的理由，于是削掉他封国中的良乡、安次、文安三个县邑，以示惩戒。更为糟糕的是，汉武帝从这时候开始，就厌恶起刘旦来了，于是刘旦想当太子的愿望也就彻底泡了汤。

到这时，刘旦也明白过来了，自己做错了。自己的上书几乎就等于是再一次提醒君父，太子刘据已死。

经过这两件事，刘旦内心惊惧交加，大病了一场，病好后，他也没有了争储之心。

再说汉武帝刘彻的另外一个儿子广陵厉王刘胥。刘胥和刘旦是同母兄弟，和刘旦一样，刘胥对皇位也是觊觎的。但是，刘胥比他的兄长更加无能，是一个四肢发达、头脑简单的人。很显然，这样的人确实也不适合成为一国之君。若是将汉朝交给他，汉武帝也不会放心。

再就是昌邑王刘髆。刘髆是汉武帝与李夫人的儿子，据《史记·佞幸列传》，李夫人生子刘髆后，其兄李延年封为“协律都尉”。而武帝“定官名，协音律”发生于太初元年五月 。又据《史记·大宛列传》，“而欲侯宠姬李氏，拜李广利为贰师将军，发属国六千骑，及郡国恶少年数万人，以往伐宛”，而李夫人之兄李广利出发伐大宛的时间为太初元年八月。故刘髆很可能生于太初元年（公元前104年）。

武帝幼子刘弗陵尚未出生之时，刘髆作为武帝最小的儿子，受到武帝的宠爱，武帝为他选择了夏侯始昌作老师。夏侯始昌遂为太傅 。

刘髆本是在太子刘据死后最有实力争夺皇位的人，但因为舅舅李广利投降匈奴而失去成为继承人的资格。

虽然储君人选已经敲定，但毕竟刘弗陵年纪太小，刘彻还是担心自己死后朝廷大权旁落，所以他必须要做几件事保证皇权的顺利交接。

一天，年迈的刘彻和钩戈夫人在宫中闲坐，二人正玩得开心，钩戈夫人无忧无虑地和刘彻闲聊，却一不小心说错了话。其实按照往常她的语言习惯，倒也不是什么大逆不道的话，但没想到刘彻听后立即变了脸，钩戈夫人自觉触怒了龙颜，立即下跪求饶。但她完全没想到汉武帝竟然丝毫不留

情面，直接让人将钩弋夫人关进地牢。钩弋夫人不明白到底自己哪里做错了，一直泪眼婆娑地求饶，汉武帝看了钩弋夫人一眼，心中有些许不忍，但是为了汉室江山，他挥了挥手就让侍从将钩弋夫人带走了。可怜的钩弋夫人人生才刚刚开始，就死于枕边人的政治阴谋。

在决定立刘弗陵为新太子后，汉武帝就对要不要处死钩弋夫人一事犹豫不决，最后还是他的帝王心战胜了儿女私情，下定决心“杀母留子”。

他要的是刘氏王朝的延续，而不是让自己的儿子做傀儡皇帝。汉武帝当时都快七十岁了，而太子刘弗陵才六岁，所以他更要为太子铺好路。

汉武帝之所以对吕后这个教训很深刻，是因为他是代王也就是汉文帝刘恒的后人。汉文帝能够活下来，还是因为他的母亲薄姬很少见刘邦，地位也不高，为人又和善，没有招惹到吕后。但是作为推翻外戚吕氏的一分子，汉文帝对吕后把持朝政和外戚吕氏专权没有好感，更是以此为教训。而作为汉文帝后代的汉武帝，肯定会继承这一遗志。

钩弋夫人死后半年，汉武帝刘彻就搬去了五柞宫（位于陕西省周至县），此时虽然严冬已过，但是天气依旧寒冷，汉武帝住了几天后，就觉得身体不适，然后一病不起了。他

感到自己时日不多时，一天，他叫来了霍光，指着墙上的一幅画，虚弱无力地道出了自己要立刘弗陵为储君的决定，让霍光和金日磾、上官桀、桑弘羊一同辅佐时年八岁的汉昭帝。

刘彻下诏，立刘弗陵为皇太子。十三日，刘彻任命霍光为大司马、大将军，金日磾为车骑将军，太仆上官桀为左将军，由他们三人接受遗诏，辅佐幼主。又任命治粟都尉桑弘羊为御史大夫。他们都在刘彻病床下叩拜受职。

霍光是霍去病同父异母的弟弟，十来岁时，被霍去病接到京城。刘彻很喜欢霍光，就任他为郎官（宫廷禁卫官），后来几次调整职务，担任侍中（宫廷随从）。霍去病死后，霍光逐渐升职为奉车都尉、光禄大夫。霍光出入宫廷二十余年，出外则陪同刘彻乘车，入宫则侍奉在刘彻左右，小心谨慎，从未有过什么过失。他为人沉静仔细。到什么程度呢？他每次出入宫廷、下殿门，止步和前进都有一定的地方，郎官、仆射们在暗中观察、默记，发现位置分毫不差。

十四日，汉武帝在五柞宫驾崩，遗体运到未央宫前殿入殓。三月，下葬茂陵（陕西省兴平市东北）。如此，铁血雄风的汉武帝结束了自己的一生。

汉武帝大事年表

景帝前元元年（公元前156年）刘彻出生

景帝前元四年（公元前153年）汉景帝封四岁的刘彻为胶东王

景帝前元七年（公元前150年）七岁的刘彻被立为储君

景帝后元三年（公元前141年）景帝驾崩，刘彻继位，时年十六岁

武帝建元元年（公元前140年）刘彻起用赵绾、王臧，实施建元新政

武帝建元二年（公元前139年）新政失败，刘彻韬光养晦，醉心于上林苑围猎

武帝建元三年（公元前138年）张骞出使西域

武帝建元六年（公元前135年）窦太后去世，刘彻亲政

武帝元光二年（公元前133年）马邑之围，汉匈关系从和亲向战争转变

武帝元光五年（公元前130年）卫青大破龙城

武帝元朔元年（公元前128年）卫子夫诞下刘据，卫子

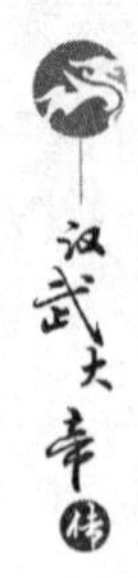

夫被封皇后

武帝元朔二年（公元前127年）颁布推恩令，卫青收复河朔

武帝元朔三年（公元前126年）张骞出使西域回归长安

武帝元朔五年（公元前124年）卫青打败匈奴右贤王

武帝元朔六年（公元前123年）霍去病征战匈奴，拜冠军侯

武帝元狩二年（公元前121年）霍去病收复河西走廊

武帝元狩四年（公元前119年） 漠北大战，霍去病封狼居胥山

武帝元狩六年（公元前117年） 霍去病去世

武帝元封五年（公元前106年） 卫青去世

武帝天汉二年（公元前99年） 李陵战败投降，司马迁遭刑

武帝征和二年（公元前91年） 巫蛊之祸起，皇后卫子夫和太子刘据先后自杀

武帝征和四年（公元前89年） 汉武帝刘彻幡然醒悟，为太子平反，颁发《轮台罪己诏》

武帝后元二年（公元前87年）汉武帝驾崩，终年七十岁

参考文献

[1]何新.汉武帝大传[M].上海：华东师范大学出版社，2019.

[2]雾满拦江.汉武帝：统治的艺术[M].南京：江苏凤凰文艺出版社，2020.

[3]王金峰.汉武帝刘彻传[M].呼伦贝尔：内蒙古文化出版社，2016.

[4]独孤谋.汉武帝：铁血雄风大汉天子[M].重庆：重庆出版社，2013.